HANS GERLACH

AROMEN & GEWÜRZE

AROMEN & GEWÜRZE

FEURIG. MILD. FRISCH. ERDIG. DUFTIG. SÜSS.

Rezepte und Fotos von Hans Gerlach

KOSMOS

AROMEN & GEWÜRZE

UND HIER SEHEN SIE ES GANZ GENAU.

DAS IST
wirklich
WICHTIG

DARAUF KOMMT'S AN! Hier erläutern wir alles, was zum Gelingen eines Rezepts wirklich wichtig ist. Wenn es sinnvoll ist, mit Bild, sonst auch mal ohne.

GEWÜRZE & AROMEN

entspannt würzen & genießen

Eine Prise Salz verwandelt Nahrung in Essen. Die erste Prise Pfeffer ist der Beginn der Kochkunst. Wer Bratkartoffeln mit Salz und Pfeffer würzt und dann abschmeckt, hat die entscheidende Stufe auf dem Weg zur Küchenmeisterschaft schon erklommen.

Abschmecken klingt zwar selbstverständlich, ist es aber nicht. Eine riesige „Fix-für"-Industrie lebt von der Angst davor. Dabei ist es so einfach: Indem Sie versuchen, herauszuschmecken, ob die Bratkartoffeln z.B. noch mehr Pfeffer brauchen, haben Sie schon gewonnen. Ihr Bewusstsein wendet sich dann nämlich dem Bratkartoffelgeschmack zu und liefert Ihnen automatisch eine richtige Antwort. Vielleicht würde der eine oder andere Profikoch noch eine Umdrehung mehr oder weniger auf der Pfeffermühle machen – aber das kann Ihnen ganz egal sein, schließlich sind es ja Ihre Bratkartoffeln!

Gewürze enthalten viele ölige oder harzige Aromastoffe. Gleichzeitig sind sie fast wasserfrei, „trocken", und damit verhältnismäßig lange haltbar. Zitrusfrüchte, Kräuter und Blüten enthalten ebenso viele ölige oder harzige Aromastoffe. Und sie werden in der Küche genauso eingesetzt wie Gewürze. Nur sind sie eben „feucht" und deshalb nicht so lange haltbar. In früheren Zeiten, als der Welthandel noch mit Segelschiffen stattfand, war dies ein Problem, daher die strenge Abgrenzung klassischer Gewürze. Heute interessiert uns viel mehr die Küchenpraxis und hier gehören Gewürze, Kräuter, aromatische Nüsse und alle anderen stark aromatisierenden Zutaten zusammen.

DIE AROMAWELTEN

Gute Gewürze scheinen teuer. Doch man braucht nur geringe Mengen davon und so ist fantasievolles Würzen die preiswerteste Methode, aufsehenerregend gut zu kochen. Begeben wir uns also auf die Reise in die wunderbare Würz-Welt. Eigentlich sind es sogar sechs Welten. Um Gewürze und Aromen zu verstehen und vor allem um sie zu kombinieren, muss man sie ordnen, was nicht ganz einfach ist. Den Geschmack von Wein, Tee oder Käse beschreiben Experten mit den Aromen von Früchten und Gewürzen. Rotwein kann nach Vanille schmecken, Käse pfeffrig und Tee nach Zitronen duften. Doch wie schmeckt eigentlich Vanille? Süß? Warm? Wenn wir versuchen, Gewürze und Aromen genauer zu beschreiben, fehlen uns die Worte. Das liegt ganz einfach daran, dass unser Geruchssinn auf der Wahrnehmung elementarer Frucht- und Gewürzdüfte aufbaut.

Doch es gibt sechs Aroma-Welten, in der alle Gewürze und Aromazutaten ihren Platz finden: Sie sind alle harmonisch-mild, frisch-aromatisch, erdig-orientalisch, feurig-scharf, ätherisch-duftend oder süß-balsamisch. Der Würz-Workshop ab Seite 18 zeigt ganz einfache Wege in diese Welten. Und im Hauptteil geht es dann um die einzelnen Gewürze, mit vielen Infos und Rezepten. Lassen Sie es sich schmecken!

GEWÜRZE KAUFEN
lagern & rösten

GEWÜRZE SIND ZART, NICHTS IST FLÜCHTIGER ALS EIN DUFT, VOR ALLEM DER TEIL EINES DUFTES, DEN ÄTHERISCHE ÖLE BILDEN. DOCH NEBEN DIESEN EMPFINDLICHEN ÖLEN TRAGEN AUCH STABILERE DUFTHARZE, RÖSTSTOFFE ODER FRUCHTSÄUREN ZU DEN KOMPLEXEN AROMEN BEI.

GANZ ODER GEMAHLEN?

Ätherische Öle sind immer im Spiel, und vor allem wenn sie fehlen oder ranzig schmecken, dann leidet die Qualität eines Gewürzes. Deshalb gibt es bei Einkauf, Lagerung und Verarbeitung von Gewürzen einiges zu beachten, damit man immer mit verführerischen Düften kochen kann.

Bunte Gewürzberge auf exotischen Gewürzständen sind sehr malerisch. Doch Gewürze leiden dort unter Temperaturschwankungen oder Hitze. Und vor allem gemahlene Gewürze reagieren mit dem Luftsauerstoff, ätherische Öle verfliegen. Sonnenlicht schädigt Farben und Aromen der Gewürze. In der Regel ist es daher besser, luft- und lichtdicht verpackte Gewürze zu wählen. Gemahlene Gewürze verlieren spätestens nach einem Jahr deutlich an Geschmack, ganze Gewürze halten in der Regel mindestens zwei bis drei Jahre. Kaufen Sie deshalb vor allem ganze Gewürze und Gewürzpulver, die Sie zügig verbrauchen. Oder Gewürzpulver, die man selber nur schwer mahlen kann, wie zum Beispiel Muskatblüte, Senfkörner oder Zimt. Oder Gewürzmischungen, die es einfach nur gemahlen gibt.

Ob gemahlen oder nicht, für alle Gewürze gilt: Großpackungen vermeiden, lieber häufiger kleine Mengen frischer Gewürze nachkaufen. Ab und zu das Gewürzregal entrümpeln – was nicht mehr duftet, kommt weg. Bei allen Gewürzen gibt es große Qualitätsunterschiede und gute Gewürzhändler legen zunehmend Wert auf Herkunft, Anbau und Verarbeitung ihrer Gewürze. Also: Bewusst schnuppern und vergleichen.

DAS GEWÜRZREGAL

Kein Licht, keine Luft, keine Wärme: Ein Gewürzregal sollte weit weg vom Herd stehen, ein Platz in einer Speisekammer oder einem Vorratskeller ist besonders gut geeignet. Paprikapulver kann sogar in den Kühlschrank, vor allem, wenn die Schoten selber getrocknet und gemahlen wurden (siehe Seite 11). Dabei muss man allerdings darauf achten, dass sich kein Kondenswasser im Gewürzglas bildet, sobald man es wieder auf Zimmertemperatur erwärmt. Kleine, luftdichte Schraubdeckelgläser verwenden und erst öffnen, wenn der Temperaturausgleich weitgehend beendet ist.

DER CURRY-EFFEKT

Rösten bringe das Aroma vieler Gewürze besser zur Geltung, sagt man. Stimmt aber nur teilweise: Zwar duften Gewürze erhitzt stärker, weil sich ätherische Öle aus dem Gewürz schneller in der Luft verteilen, aber dieser Effekt tritt auch ein, wenn man ein Gewürz in eine Suppe gibt. Gewürze zu rösten verstärkt nicht den Geschmack, sondern es verändert ihn und fügt neue Aromen hinzu. Nämlich Röstaromen. Die passen unter anderem gut zu Curry- oder Schmorgerichten.

Man kann sowohl ganze als auch gemahlene Gewürze rösten, am einfachsten im Wok oder in einer Pfanne unter ständigem Rühren. Sobald die Gewürze duften und gerade beginnen sich zu verfärben, den Röstvorgang stoppen, die Gewürze aus der Pfanne nehmen und auf einem Teller ausbreiten.

Für zarte Aromenkompositionen wie Kuchenteige und Gebäck sollten Zimt oder Lebkuchengewürze jedoch nicht geröstet schmecken. Das Gleiche gilt für feine Fischgerichte.

GEWÜRZE TROCKNEN

zerkleinern & konzentrieren

GEHT GANZ EINFACH UND DAS ERGEBNIS IST ERSTAUNLICH AROMATISCH: TROCKNEN SIE ZUM BEISPIEL MAL EIN PAAR PAPRIKASCHOTEN, CHILIS ODER PILZE UND STELLEN SIE DARAUS IHR EIGENES GEWÜRZPULVER HER.

AROMEN KONZENTRIEREN

Wenn Sie gerne eigene Gewürze mischen, versuchen Sie doch auch einmal Ihr eigenes Gewürzpaprikapulver zu machen: Aromatische Paprikaschoten auswählen, vierteln, Stielansatz und Kerne entfernen. Einige Chilischoten halbieren, ebenfalls Stielansatz und Kerne entfernen. Zusammen bei 90 °C im Backofen 10–12 Stunden trocknen, bis nur noch 10–15 % vom ursprünglichen Gewicht übrig sind. Für den ersten Versuch tut es ein Gitter im Backofen, wer häufiger trocknen will, sollte über die Anschaffung eines Dörrgerätes nachdenken. Das verbraucht wesentlich weniger Energie. Die getrockneten Paprika- und Chilistücke im Blitzhacker, in einer Küchenmaschine mit Universalzerkleinerer oder in einer Kaffeemühle mit Schlagmesser pulverisieren.

Auf die gleiche Weise können Sie auch Petersilienwurzeln, Knollensellerie, Tomatenschalen oder Pilze trocknen und zerkleinern, um damit Aromasalze zu mischen. Kräuter zum Trocknen einfach bündeln und einige Tage an eine warme luftige Stelle ohne direkte Sonneneinstrahlung hängen.

NIE WIEDER BRÜHWÜRFEL!

Für Ihre eigene Gemüsebrühe-Paste 3 EL Koriander mit je 1 EL Fenchel, Pfeffer und Piment schroten. 750 g Zwiebeln, 125 g Lauch, 500 g Möhren, je 250 g Sellerie und Fenchel, 50 g Knoblauch, je 1 Bund Thymian und Petersilie, 750 g Tomaten putzen und schälen, dabei die Stiele entfernen. Alles grob zerkleinern. Mit 50 g Trockenpilzen und 100 g Salz pürieren, zum Beispiel in einem Mixer. Auf 2 Blechen mit Backpapier im Ofen bei 100 °C ohne Umluft ca. 4 Stunden trocknen. Ab und zu umrühren. Nach einer Stunde einen Kochlöffel in die Ofentür klemmen. Die Konsistenz der fertigen Masse soll der einer festen Currypaste gleichen. Hält sich ca. 1 Jahr im Kühlschrank. Bei Bedarf jeweils 1–2 EL Paste mit 1 l Wasser aufkochen, 5 Minuten ziehen lassen.

IDEAL FÜR DEN MÖRSER

Die meisten Gewürze lassen sich sehr gut im Mörser zerreiben. Ausnahmen bilden Gewürze mit zähen Fasern, wie Zitronengras, Fenchelsamen, Muskatblüte oder Rosmarin. Diese sollte man immer hacken oder in dünne Scheiben schneiden, um sie danach im Blitzhacker oder Mörser ganz fein zu zerkleinern. Ingwer lässt sich ebenfalls hacken oder einfach reiben, genauso wie Meerrettich. Doch für viele andere trockene, aber auch feuchte Gewürzmischungen ist der Mörser ideal. Kreuzkümmel, Piment und Currypaste werden darin gemahlen, aber kaum erhitzt. In einem großen und schweren Mörser hilft das Eigengewicht des Pistills dabei, die Gewürze zu zerkleinern. Große Granitmörser zu moderaten Preisen finden Sie zum Beispiel im Asialaden.

MÜHLEN UND MIXER

Es gibt natürlich auch Möglichkeiten, Gewürze zu zerkleinern, die mit sehr viel weniger Kraftaufwand verbunden sind, als dies beim Mörser der Fall ist. Zum Beispiel mit der guten alten Pfeffermühle. Moderne Varianten heißen „Gewürzschneider", sie zerkleinern auch Piment, Kümmel, Koriander etc. Ob Pfeffermühle oder Gewürzschneider: Es lohnt sich, in ein gutes Mahlwerk zu investieren. Der Mahlgrad sollte sich leicht verstellen lassen, beim Mahlen aber nicht verrutschen. Ölige Gewürze wie Sesam sind nichts für Pfeffermühle und Co. Dafür gibt es japanische Sesammühlen, mit denen sich die öligen Samen schön schroten lassen. Um Gewürzmischungen, vor allem aber Gewürzpasten zu zerkleinern, eignen sich Blitzhacker und Küchenmaschinen mit Universalzerkleinerer.

Für trockene Gewürzmischungen sind kleine elektrische Kaffeemühlen mit Schlagmesser ideal. Sie kosten nur ein paar Euro und funktionieren sehr gut. Je stärker der Motor, desto besser. Wichtig: Nie zu viel einfüllen und mehrfach kurz mahlen, damit die Gewürze nicht heiß werden. Und die Mühle nur für Gewürze verwenden – sonst gibt es irgendwann Curry-Kaffee. Auch in einer Getreidemühle kann man trockene Gewürze mahlen, solange sie nicht zu ölig sind – also keinen Mohn, keinen Sesam, keine Kürbiskerne, keine Wacholderbeeren. Und nach dem Gewürz immer ein Löffelchen Reis mahlen, das neutralisiert den Geruch im Gerät.

GEWÜRZMISCHUNGEN
ideal für Fleischgerichte

AUS DER EIGENEN GEWÜRZMÜHLE KOMMEN DIE BESTEN MISCHUNGEN! UND MIT EIN BISSCHEN ÜBUNG WERDEN SIE BALD SELBST SPEZIALGEWÜRZE ENTWERFEN.

SCHWEINEBRATENGEWÜRZ

Je 2 EL Kümmel und Koriander grob schroten, mit je 1 EL englischem Senfpulver, getrocknetem Majoran und Bohnenkraut oder Thymian mischen. Den Schweinebraten mit halbflüssigem Schweineschmalz oder mit Öl bestreichen und mit der Gewürzmischung einreiben. Über Nacht im Kühlschrank durchziehen lassen und dann das Fleisch am folgenden Tag braten, z.B. wie den toskanischen Schweinebraten (Rezept Seite 42), dabei aber die Temperatur 20 Grad niedriger einstellen und dafür mindestens 30 Minuten länger garen.

DÖNER-SPEZIAL

3 EL Paprikapulver, 1 EL Chiliflocken, 3 EL Sumach, 1 EL getrockneten Oregano, 1 TL gemahlenen Kreuzkümmel und 1 EL Salz mit 1 TL Öl im Blitzhacker mehr mischen als pürieren. Für dieses Gewürz eignet sich selbst gemachtes Paprikapulver (siehe Seite 11) besonders gut, denn das Pulver ist nicht nur aromatischer, sondern auch gröber als gekauftes Paprikapulver. Das fertige Gewürz lässt sich dann besonders angenehm streuen. Für Pul Biber, ebenfalls ein beliebtes Döner-Gewürz, Sumach, Oregano und Kreuzkümmel weglassen. Döner-Spezial passt auch für Kebab, Lammspieße oder andere Grillgerichte. Die Schärfe lässt sich über die Chilimenge anpassen.

CAJUN-BARBECUE-GEWÜRZ

2 EL schwarzer Pfeffer, 1 EL Fenchelsamen, 1 EL Kreuzkümmel, 2 EL Senfkörner und 4–6 getrocknete Chilischoten (am besten eine Mischung aus Ancho- und Pasilla-Chilis) in einem kleinen Topf ohne Fett rösten, bis die Gewürze duften. Aus dem Topf nehmen, Chilistiele und Kerne entfernen, den Rest mit den anderen Gewürzen fein mahlen. Mit 1 EL getrocknetem Oregano mischen und in einem kleinen Gläschen aufbewahren. Grillfleisch oder Fisch mit der Gewürzmischung und Salz würzen und direkt grillen – oder aus Cajun-Barbecue-Gewürz, frischem, gehacktem Knoblauch, etwas Öl und einigen EL Tomatenketchup, Fruchtsäften oder Sojasauce aromatische Grillmarinaden herstellen.

VIER-GEWÜRZE-PULVER

Meine Version dieser klassischen französischen Gewürzmischung „quatre épices" ist im Laufe der Jahre feiner und milder geworden. Und ich gebe auch noch ein fünftes Gewürz dazu, Ingwerpulver: 1 EL weiße Pfefferkörner mit 2 EL Zimtblüten und 4–5 Nelken in einer Pfanne ohne Fett rösten, bis die Gewürze zu duften beginnen. Fein mahlen und mit 3 EL Macis (Muskatblüte) und 1 TL Ingwerpulver vermischen.
Quatre Épices wird in der französischen Küche vor allem für Terrinen, Pasteten und Pökellaken verwendet, es harmoniert sehr gut mit geschmortem Fleisch. Eigentlich passt Quatre Épices immer da, wo auch Pfeffer passen würde, gibt den Gerichten aber einen frischen Touch. Für karibische Grillmarinaden wie das Cajun-Barbecue-Gewürz mischen.

FÜNF-GEWÜRZE-PULVER

Für „5-spices" oder „cinq épices" 6 Anissterne mit 2 EL Fenchelsamen, 1 Zimtstange (Cassia-Zimt), 2 TL Nelken und 2 TL Szechuan-Pfeffer fein mahlen. Das ist nicht ganz einfach, deshalb unbedingt eine Kaffeemühle mit Schlagmessern verwenden oder die gemahlenen Gewürze miteinander mischen. Fünf-Gewürze-Pulver ist ein typisches Gewürz der chinesischen oder nordvietnamesischen Küche. Besonders gut passen die Anis- und Fenchelaromen zu fettem Fleisch von Ente oder Schwein, aber auch zu gedämpftem Gemüse. Mit 2 Kapseln schwarzem Kardamom wird daraus ein Gewürz für die vietnamesische Rindfleischsuppe Pho Bo. Für die Brühe die Gewürze nicht zerkleinern und mit einem großen Stück Ingwer oder Galgant, Zwiebeln und Rinderknochen auskochen.

GEWÜRZMISCHUNGEN
für Scharfes & Süßes

SHICHIMI TOGARASHI

Für dieses japanische Gewürz (Sieben-Gewürz-Pfeffer) 2 TL Szechuanpfeffer mit 1–2 getrockneten Chilischoten und je 1 EL Sesamsamen, (weißem) Mohn und schwarzen Hanfsamen rösten, bis die Körner duften. Mit einem Noriblatt und 1 EL getrockneter Orangen-, Mandarinen- oder Yuzuschale fein mahlen. Hanfsamen für die Küche gibt es im Naturkosthandel oder im Internet, als Alternative etwas mehr Sesam verwenden. Getrocknete Schalen der japanischen Zitrusfrucht Yuzu finden Sie in japanischen Lebensmittelgeschäften. Shichimi Togarashi eignet sich für Gemüse, Suppen, Nudelgerichte, gebratenes Fleisch.

GARAM MASALA

Garam Masala ist nicht so scharf wie vieles andere in der indischen Küche, denn es kommen keine Chilis in das Pulver. Hier eine Version mit starker Kardamomnote: 3 EL Kardamomkapseln öffnen und die Kerne herausnehmen, zusammen mit 2 EL Kreuzkümmelsamen, 4 EL Koriandersamen, 1 EL schwarzen Pfefferkörnern und 1 TL Nelken in einer Pfanne ohne Fett rösten, bis sie duften. Fein zerkleinern, zum Schluss jeweils 1 TL Zimt und Macis (Muskatblüte) untermischen. Garam Masala eignet sich vor allem für Gemüsegerichte, auch für Garnelen und mildere Versionen von Zubereitungen mit Curry.

BRATKARTOFFELGEWÜRZ

1 EL Kümmel, 2 EL Koriander, 1 TL schwarzen Pfeffer, 2 TL Piment und 1 TL Espressokaffeebohnen grob mörsern oder in einer Gewürzmühle schroten. Mit 1–2 TL mexikanischen Ancho-Chilis (oder Cayennepfeffer, nach Belieben auch mehr), 2 EL mildem, geräuchertem Paprikapulver, 1 TL gemahlenem Piment, ½ TL Zimtpulver und 1 EL getrocknetem Oregano mischen. Brat- oder Ofenkartoffeln, kurz bevor sie fertig sind, salzen und damit würzen. Bratkartoffelgewürz eignet sich auch für Pommes frites, Couscous oder Eintöpfe wie Chili con Carne. In Eintöpfen 10 Minuten oder länger mitkochen lassen.

LEBKUCHENGEWÜRZ

1 EL gemahlenen Zimt mit 1 TL gemahlenen Nelken, ½ TL gemahlener Muskatblüte und je 1 Messerspitze gemahlenem Koriander, Fenchel und Piment miteinander vermischen. Sie können die Gewürze auch frisch mahlen – zumindest Nelken, Koriander, Fenchel und Piment. Die Menge reicht für 1,5 kg Lebkuchenteig.

GLÜHWEINGEWÜRZ

Die Schalen von 2 Bio-Orangen oder 3 Bio-Mandarinen hauchdünn abschälen, 2 cm Ingwerwurzel schälen und in dünne Scheiben schneiden. Einige Tage trocknen lassen.

1 Anisstern und 2 Zimtstangen in Stücke brechen, 5 Kardamomkapseln, 1 TL Pimentkörner und 5 Nelken leicht quetschen. Alle Zutaten mischen.

STRUDEL- UND STREUSELGEWÜRZ

Die Schalen von je 1 Bio-Zitrone und 1 Bio-Orange fein abreiben und auf einem Stück Backpapier einige Stunden trocknen lassen. 1 Vanilleschote längs halbieren und das Mark herauskratzen. Vanillemark mit den Zitrusschalen trocknen. 1 EL Espressobohnen fein mahlen, mit Vanillemark und den Zitrusschalen mischen, ½ TL Zimtpulver und 1 EL Vanillezucker untermischen. 1–2 EL Gewürz mit in die Streusel für einen Streuselkuchen mischen oder die Füllung für einen Apfel- oder Topfenstrudel damit abschmecken.

OBSTNINJA-FRÜCHTEGEWÜRZ

Die Samen aus 12 Kardamomkapseln (etwa 1 TL) mit etwa 40 getrockneten Zitronenverbene-Blättern, 1 TL getrockneten Rosenblättern, 1 EL Zimtblüten, 6 Wacholderbeeren und 2 EL Zucker fein mörsern. 1 TL Macis (gemahlene Muskatblüte) zugeben. Die Früchte mit Zitrussäften und Zucker marinieren, eventuell mit Orangenlikör oder Rum abschmecken und mit Obstninja würzen. Das Gewürz passt auch zu Quarkcremes, Fruchtkompott oder Milchreis.

AROMEN KONSERVIEREN
Salz, Essig & Öl

BASILIKUMSALZ SCHMECKT EIN WENIG ANDERS ALS BASILIKUM UND SALZ EINZELN. ERST IM ESSIG ENTWICKELT SICH EIN GANZ SPEZIELLES ESTRAGONAROMA UND ÖL LÖST Z. B. EINEN TEIL DER CHILIAROMEN BESONDERS GUT.

KRÄUTER- UND GEWÜRZSALZE

Salz konserviert Farbe und Aroma von Kräutern und Gewürzen. Salz ist ein natürlicher Geschmacksverstärker und hilft, Kräuter und Gewürze zu zerreiben. Drei gute Gründe, Gewürzmischungen manchmal auch etwas Salz zuzusetzen. Rechtlich betrachtet wird aus der Gewürzmischung ein Gewürzsalz, sobald der Salzanteil 40 % übersteigt. Selleriesalz ist vielleicht das bekannteste aller Gewürzsalze, es ist wichtig für Tomatensaft und Bloody Mary. Dafür Selleriesamen fein mahlen und mit der gleichen Menge oder etwas mehr Salz mischen. Schmeckt auch gut als Tischwürze für Suppen und Gemüse. Einfache Kräutersalze mischt man mit getrockneten Kräutern oder indem man frische Kräuter zusammen mit Salz im Dörrgerät trocknet. Die Salz- und Kräuteranteile sind dabei ganz Ihrem Geschmack überlassen. Einfach beides zusammen in Mixer oder Blitzhacker geben und kurz laufen lassen. Mit frischen Kräutern wird das Kräutersalz

schön grün, griffig und leicht feucht, hält sich aber nicht so lange. Für Basilikumsalz etwa 150 g Salz mit den Blättchen von 1 Bund Basilikum gründlich mixen, kühl aufbewahren. Wenn die Blätter sehr feucht sind, mehr Salz zugeben. Für Zitrussalze die Schalen von Bio-Zitrusfrüchten abreiben oder hauchdünn abschälen. Anschließend trocknen, mit etwa der gleichen Menge Salz mixen. Beide Salze als Deko- oder Finishing-Salz verwenden, besonders für Vorspeisen. Genauso lässt sich auch Gewürzzucker herstellen (siehe Seite 149).

PIKANTE ÖLE

Solange Kräuter und Gewürze vollständig von Öl bedeckt bleiben, können Sie aus jeder aromatischen Zutat ein Aromaöl kreieren – ob ein Peperoniöl aus Rapsöl mit halbierten, frischen Peperoni oder Öle mit Zitronengras, frischen Zitrusschalen oder Ingwer. Knoblauch und Bärlauch eignen sich nicht so gut für längere Ölbäder, ihr Aroma bekommt schnell einen unangenehmen Beigeschmack. Statt immer wieder Öl nachzufüllen, kann man Aromaöle auch durch ein Sieb gießen, sobald sie die gewünschte Geschmacksintensität erreicht haben. Geschmacklich ist das die sauberste Lösung, sieht nur nicht ganz so hübsch aus. Getrocknete Zutaten dagegen halten sich fast unbegrenzt im Öl – getrocknete Peperoni oder Chilis sind deshalb eine gute Alternative zu frischen Schoten. Probieren Sie auch Raps- oder Nussöl mit ein

paar getrockneten Streifen Orangenschale, 1 Zimtstange und Korianderkörnern. Mindestens 2 Wochen ziehen lassen. Schmeckt in Salatsaucen oder auf herbstlichen Suppen.

AROMAESSIG

Grundsätzlich gelten für Essig die gleichen Regeln wie für Aromaöl, mit einem Unterschied: Aromatisierter Essig lässt sich gut im Kühlschrank lagern, Öle würden fest werden. Das verbessert die Haltbarkeit beträchtlich, sodass nichts passiert, wenn mal ein Kräuterblättchen an der Oberfläche der Essigzubereitung schwimmt. Das Rezept für den Klassiker Estragonessig finden Sie auf Seite 62. Ein selbst gemachter Brombeeressig passt gut zu Wildsaucen und Wintersalaten. Dafür eine Handvoll reifer Brombeeren mit etwa der dreifachen Menge Essig bedecken, 5 dünne Ingwerscheiben und 1 EL zerdrückte Wacholderbeeren zugeben, 1 Woche ziehen lassen. Durch ein feines Sieb oder ein Tuch abgießen.
Für Liebhaber asiatischer Gerichte gehört ein Fläschchen mit Reisessig und Chili immer mit auf den Tisch. Kleine Chilis einfach in Ringe schneiden und in Essig legen. Größere Schoten mit dickem Fruchtfleisch ebenfalls in Ringe schneiden, dann aber kräftig salzen, leicht drücken und etwa 1 Stunde ziehen lassen. So verlieren sie etwas Feuchtigkeit. Anschließend die Chiliringe abgießen, gut abtropfen lassen und zuletzt mit Essig übergießen.

KARTOFFELN WÜRZEN

mehr als eine Beilage

FAST NEUTRAL UND UNGLAUBLICH WANDLUNGSFÄHIG: GUTE KARTOFFELN SIND DIE STARS DER SPEISEKAMMER. EINE PRISE KREUZKÜMMEL UND ROSMARIN Z.B. VERZAUBERN DIE KNOLLEN SOFORT IN EINE MITTELMEER-DELIKATESSE. ALS SALAT MIT GURKEN, MINZE UND JOGHURT BRINGEN SIE FRÜHLINGSFRISCHE AUF DEN TELLER.

KARTOFFELGRATIN MIT MUSKAT
harmonisch-mild

300 ml Milch mit 200 ml Sahne mischen, mit Salz, Pfeffer, gemahlener Muskatblüte (Macis) und 1 gehackten Knoblauchzehe so kräftig würzen, dass die Mischung leicht überwürzt schmeckt. Statt Muskatblüte können Sie auch geriebene Muskatnuss verwenden – schmeckt sehr ähnlich, vielleicht ein wenig rauer.
800 g Kartoffeln schälen und in dünne Scheiben schneiden, 1 Lauchstange längs halbieren, waschen und quer in Scheiben schneiden. Zusammen in eine gusseiserne, gebutterte Auflaufform schichten, mit der Milch-Sahne-Mischung begießen und mit Butterflöckchen belegen. Die Kartoffeln auf der Herdplatte aufkochen (das verkürzt die Garzeit um 15 Minuten!) und im Ofen ca. 25 Minuten gratinieren.

KARTOFFELSALAT MIT MINZE
frisch-aromatisch

1 kg festkochende Kartoffeln waschen und kochen. In der Zwischenzeit 2 Zwiebeln abziehen und fein würfeln, in eine große Schüssel geben. 125 ml Brühe aufkochen, über die Zwiebeln gießen. Kartoffeln abgießen, abschrecken und pellen, in möglichst dünnen Scheiben direkt in die heiße Brühe schneiden. 4 EL Weißweinessig zugeben, mit Salz und Pfeffer kräftig würzen. Den Salat in der Schüssel durchschwenken und abschmecken. 1 Gurke schälen und in hauchdünne Scheiben hobeln. ½ Bund Minze waschen, zupfen und sehr grob hacken. Zusammen mit 2 EL kalt gepresstem Rapsöl und 150 g Joghurt unter den Salat mischen. Noch einmal abschmecken, vor allem, wenn man den Salat nicht gleich serviert; denn die Kartoffeln mildern den Geschmack von Salz und Gewürzen nach einiger Zeit. Außerdem saugen sie viel Flüssigkeit auf, deshalb eventuell noch einen Schluck Brühe dazugeben.

BRATKARTOFFELN MIT ROSMARIN
erdig-orientalisch

800 g vorwiegend festkochende Kartoffeln schälen und in 1,5 cm große Würfel schneiden. In einer großen beschichteten Pfanne mit 2–3 EL Olivenöl anbraten, leicht salzen. Zugedeckt bei mittlerer Hitze 15 Minuten braten, dabei ab und zu den Deckel abnehmen und die Kartoffeln durchschwenken. Die Nadeln von 2 Rosmarinstängeln streifen, 1 Knoblauchzehe schälen, mit 1 TL Kreuzkümmel hacken. Den Deckel von den Bratkartoffeln nehmen, die jetzt fast gar sein sollten. Die Hitze erhöhen, noch 2–3 Minuten goldbraun braten. Gewürze und 1 TL Butter zugeben, mit Pfeffer würzen, 1 Minute durchschwenken und servieren.

KARTOFFELPUFFER
feurig

1 Zwiebel und 800 g Kartoffeln schälen. Die Zwiebel halbieren und in feine Streifen schneiden, Kartoffeln fein reiben, mit den Zwiebeln mischen, in einem Tuch ausdrücken. Die Kartoffelmasse mit Salz, Pfeffer und einem Hauch Chilipulver würzen. Mit je 1 EL Öl und Butter in 2 beschichteten Pfannen etwa 12 Puffer bei mittlerer Hitze ca. 12 Minuten backen. Nach 8 Minuten einmal wenden. Währenddessen 6–8 cm Meerrettichwurzel schälen und fein reiben, eine Birne oder einen Apfel waschen und ebenfalls fein reiben, mit Meerrettich und 150 g Sauerrahm verrühren, leicht salzen. 1 Bund Schnittlauch fein schneiden und mit Meerrettich zu den Kartoffelpuffern servieren.
Räucherfischfilets oder mariniertes gekochtes Rindfleisch in dünnen Scheiben passen sehr gut dazu.

ZITRONEN-OFENKARTOFFELN
ätherisch-duftend

Backofen auf 200 °C vorheizen. Pro Person ca. 300 g Kartoffeln sauber bürsten, halbieren, mit der Schnittfläche nach oben auf ein Backblech legen und in den Ofen schieben. Nach 10 Minuten mit reichlich Olivenöl beträufeln, kräftig salzen und pfeffern, einige Salbei- oder Rosmarinzweige und leicht angequetschte, ungeschälte Knoblauchzehen dazulegen. (Wer will, legt jetzt auch ein paar mit Salz und Pfeffer gewürzte Hähnchenteile mit aufs Blech.) Nach weiteren 20 Minuten die Kartoffeln umdrehen. 2 Bio-Zitronen waschen und in knapp 1 cm dicke Scheiben schneiden. Die Zitronen zu den Kartoffeln geben, mit etwas Olivenöl beträufeln und je nach Größe der Kartoffeln 10–20 Minuten fertig garen.

GEMÜSE WÜRZEN
vegetarische Geschmackserlebnisse

EIN GUTES STEAK BRAUCHT NUR SALZ UND PFEFFER, GEMÜSE VERLANGT NACH ETWAS PHANTASIE. DABEI HELFEN SCHON KLEINE TRICKS – WIE DIE PRISE SESAM-SALZ ZUM BEISPIEL IM SPINAT, DIE EINFACHEN WÜRZBRÖSEL ZUM ÜBERBACKEN, EIN HAUCH GERIEBENE ORANGENSCHALE FÜR GEDÜNSTETE MÖHREN ODER ....

SPINAT MIT GOMASIO

harmonisch-mild

500 g Spinat waschen und trocken schleudern. Dicke Stiele entfernen. Für das Gomasio (japanisches Sesamsalz) 2 EL Sesamsamen in einer Pfanne ohne Fett rösten, bis sie zu duften beginnen. Die Samen mahlen und mit 1 TL Meersalz mischen oder mit dem Salz in einem Mörser zerreiben. 2 Knoblauchzehen schälen und hacken. 1 EL Pinienkerne, Spinat und Knoblauch mit 2 EL Öl in einem Topf 5 Minuten dünsten. Dabei ab und zu umrühren. Mit 1 EL Zitronensaft, 1–2 EL Sojasauce, einer kräftigen Prise Gomasio und Pfeffer würzen.

Mit Fladenbrot oder als Beilage servieren. Restliches Gomasio in einem Schraubglas aufbewahren.

GRATINIERTES GEMÜSE

frisch-aromatisch

2 Kohlrabi und 4 Möhren schälen. Möhren in Scheiben und Kohlrabi in Spalten schneiden. Die Blättchen von ½ Bund Dill und ½ Bund Petersilie abzupfen und hacken. Kräuter mit 4 EL Brotbröseln, 2 EL geriebenem Parmesan und 3 EL Olivenöl mischen. Mit Salz und Pfeffer würzen. Ofen auf höchste Stufe Oberhitze oder Grill vorheizen. Gemüse mit 2 EL Butter in einem flachen Topf mit Deckel bei mittlerer Hitze 4 Minuten dünsten. Mit 4 EL trockenem Vermouth ablöschen und 4 Minuten gar dünsten. Das Gemüse mit Salz und Pfeffer abschmecken und in eine ofenfeste Form umfüllen. Die Bröselmasse auf dem Gemüse verteilen und auf der obersten Schiene im Ofen ca. 3 Minuten goldbraun gratinieren. Darauf achten, dass die Brösel nicht zu dunkel werden.

GEBACKENES GEMÜSE

erdig-orientalisch

1 EL Pimentkörner in einer Gewürzmühle oder im Mörser fein schroten. Mit 1 Packung Tempurateigpulver (100 g) mischen und nach Packungsangabe mit kaltem Wasser verrühren. 1 kleinen Kopf Blumenkohl oder die entsprechende Menge Brokkoli putzen und in Röschen teilen, zarte Stiele schälen und wie die Röschen garen. Mindestens 1 l Frittierfett in einer Fritteuse, einem Wok oder einem kleinen Topf auf 170 °C erhitzen. Die Gemüseröschen durch den Backteig ziehen und in mehreren kleinen Portionen jeweils 3–4 Minuten goldbraun frittieren. Die gebackenen Gemüse auf Küchenpapier abtropfen lassen, salzen und servieren.

Dazu passt Dukka (siehe Rezept Seite 34), besonders fein schmeckt hier Dukka mit Joghurt statt Olivenöl zubereitet.

WOKGEMÜSE MIT CHILIFLOCKEN

feurig

Je 1 rote und gelbe Paprika vierteln, dabei Kerne und Stielansätze entfernen. Die Viertel in Streifen schneiden. 250 g Zuckerschoten waschen und schräg halbieren. 1 Bund Lauchzwiebeln putzen, Wurzeln und welke Blätter entfernen. Die Lauchzwiebeln in 4 cm lange Stücke schneiden. 5 cm Ingwerwurzel schälen und hacken oder fein reiben. Das Gemüse mit 2 EL Erdnussöl bei großer Hitze im Wok oder in einer Pfanne 5 Minuten braten, dabei ständig rühren. Ingwer und 1 TL Chiliflocken (oder „Feuersauce", siehe Seite 113) zugeben, einmal umrühren. Mit 100 ml Wasser oder Brühe und 4 EL Soja- oder Fischsauce ablöschen, 3 Minuten kochen lassen, abschmecken. Das Gemüse als Beilage mit Reis oder Reisnudeln servieren.

ORANGENMÖHREN

ätherisch-duftend

500 g Möhren und 2 Zwiebeln schälen. Zwiebeln würfeln, Möhren in Scheiben schneiden. 2 Bio-Orangen heiß waschen und mit einem Tuch trocken reiben. Die Schale von einer Orange fein abreiben. Den Saft von beiden Orangen auspressen. Möhrenscheiben in einem Topf mit Deckel mit 1-2 EL Butter 5 Minuten bei mittlerer Hitze dünsten. Dabei ab und zu umrühren. 1 EL Rosinen und die abgeriebene Orangenschale zugeben, mit Orangensaft ablöschen. Mit Salz und Pfeffer würzen und etwa 5 Minuten offen einkochen lassen. Die Blättchen von einem Bund Petersilie zupfen und hacken. Mit den Möhren mischen. Passt gut als Beilage zu Fisch und Geflügel.

REIS WÜRZEN

von Bayern bis Bangkok

OB GEDÄMPFT, ALS NUDEL ODER BLATT: DIE GRUNDLAGE ASIATISCHER KÜCHE IST REIS. IN GUTEN ZEITEN ZU GEMÜSE, FLEISCH UND FISCH, GEWÜRZT MIT SAFRAN, KARDAMOM ODER PAPRIKA. IN KARGEN ZEITEN HILFT DAS CURRY-PRINZIP: REICHLICH REIS SCHMECKT AUCH MIT WENIG, DAFÜR STARK GEWÜRZTEM CURRY.

TOMATENSUPPE MIT REIS
harmonisch-mild

800 g Tomaten waschen. Die Tomaten klein würfeln (oder Dosentomaten verwenden). 2 Zwiebeln und 1 Knoblauchzehe schälen und fein würfeln, mit 2 EL Olivenöl 3 Minuten dünsten. Mit 1 EL Zucker bestreuen, schmelzen lassen. Tomatenwürfel zugeben, mit Salz, Pfeffer, 3 EL edelsüßem Paprikapulver und 1 TL getrocknetem Oregano würzen. Mit 200 ml Rotwein oder Wasser aufgießen, 12 Minuten bei geringer Hitze kochen lassen. Währenddessen 100 g Reis nach Packungsangabe kochen. ½ Bund Basilikum hacken. Suppe evtl. pürieren. Reis abgießen, in Teller verteilen. Mit Suppe aufgießen, mit Basilikum garnieren.

GLÜCKSROLLEN
frisch-aromatisch

100 g Reisnudeln 10 Minuten in lauwarmem Wasser einweichen, dann nach Packungsangabe 5–10 Minuten bissfest kochen. Auf ein Sieb abgießen, abschrecken. Je 200 g Möhren und Rettich schälen und grob raspeln. 200 g Salatgurke schälen, der Länge nach halbieren, entkernen, in dünne Scheiben schneiden. 12 Kopfsalatblätter waschen und trocken schleudern. 4–5 Lauchzwiebeln putzen, die Zwiebeln längs halbieren und fein schneiden. Die Blättchen von 2 Zweigen Thaibasilikum und von ½ Bund Koriander abzupfen. 12 Reisblätter (ca. 22 cm Ø) 5–6 Minuten in kaltem Wasser einweichen. Vorsichtig herausnehmen, auf Küchentücher legen, trocken tupfen. Die vorbereiteten Zutaten im unteren Drittel der Reispapiere verteilen. Die Seitenränder nach innen einschlagen, straff einrollen. Bis zum Verzehr auf einen leicht geölten Teller legen. 2 Chilischoten sehr fein schneiden und mit 6 EL Fischsauce, 3 EL Limettensaft, 3 TL Zucker und 6 EL Wasser verrühren. Den Dip mit den Glücksrollen servieren.

RISOTTO MIT RADICCHIO
erdig-orientalisch

2 Schalotten abziehen und fein würfeln. 1 l Brühe aufkochen und warm stellen. Schalottenwürfel mit 1 EL Butter 2 Minuten dünsten. 300 g Risottoreis zugeben und 2 Minuten in der Butter glasig rösten. Etwa ⅓ der Brühe aufgießen. Den Reis dann bei mittlerer Hitze 18–20 Minuten bissfest garen. Immer wieder etwas Brühe angießen, umrühren. Währenddessen 1–2 Radicchioköpfe halbieren und quer in Streifen schneiden. 1 Bio-Orange heiß waschen und abtrocknen. Die Schale fein abreiben, den Saft auspressen. Die Blättchen von 4 Zweigen Thymian hacken. Radicchio mit 2 EL Butter 3 Minuten dünsten. Mit 100 ml Portwein und dem Orangensaft ablöschen. Thymian und Orangenschale zugeben, mit Salz, Pfeffer und 1 TL gemahlenem Kreuzkümmel würzen, 10 Minuten bei mittlerer Hitze fast vollständig einkochen lassen. Radicchio mit Risotto mischen, vom Herd nehmen, mit 1 EL kalten Butterwürfeln und 3 EL geriebenem Parmesan verrühren.

GEBRATENER REIS
feurig

1–3 Chilischoten längs halbieren, dabei Kerne und Stielansätze entfernen. 4 Thaischalotten (oder 2 Schalotten) und 1 Knoblauchzehe schälen und in dünne Scheiben schneiden. 1 Bund Koriander grob hacken. 4 Frühlingszwiebeln putzen, in feine Ringe schneiden. 400 g gekochten Reis vom Vortag (!) mit 4 EL Öl in einer beschichteten Pfanne bei sehr großer Hitze 2–3 Minuten braten. Mit Chili, Schalotten, Knoblauch und Frühlingszwiebeln mischen, 1 Minute braten. 2 Eier verquirlen, unter den Reis mischen, nur leicht stocken lassen und mit je 1–2 EL Sojasauce und Austernsauce abschmecken. Mit Koriander bestreuen.

PERSISCHER REIS
ätherisch-duftend

300 g Basmatireis in einer Schüssel mit kaltem Wasser waschen, auf einem Sieb abtropfen lassen. Mit 1 l Wasser und einer kräftigen Prise Salz 5 Minuten kochen, abgießen und erneut in einem Sieb mit kaltem Wasser spülen und abtropfen lassen. 2 EL Butter in einem kleinen Topf mit schwerem Boden zerlassen. Den Reis und 125 ml Wasser in den Topf geben, 0,1 g Safranfäden unterrühren. Mit einem Kochlöffelstiel ein Dutzend Löcher in den Reis stechen. Einen passenden Topfdeckel mit einem Küchentuch umwickeln, auf den Reistopf legen und bei schwächster Hitze 45 Minuten dämpfen. Am Ende der Garzeit hat sich am Topfboden eine goldbraune Kruste gebildet, der darüberliegende Reis ist locker. 2 EL Pistazienkerne grob hacken, in einer Pfanne ohne Fett rösten, bis sie duften. Die Blättchen von 2 Stängeln Minze in Streifen schneiden. Reis mit Pistazien und Minze bestreut servieren.

MILCHREIS MIT ZIMTZUCKER
süß-balsamisch

1 Bio-Zitrone heiß waschen und abtrocknen. Die Schale dünn mit einem Sparschäler abschälen. 1 l Milch mit Zitronenschale, 1 Prise Salz und 1 Zimtstange aufkochen und warm halten. 250 g Milchreis mit 2 EL Butter und 2 EL Zucker in einem Topf 2–3 Minuten dünsten. Mit ⅓ der warmen Milch aufgießen und bei geringer Hitze ca. 25 Minuten garen, dabei immer wieder rühren und mit etwas Milch aufgießen. 1 TL Zimtpulver mit 2 EL Zucker mischen. 200 g geschlagene Sahne unter den fertigen Milchreis ziehen, mit Zimtzucker bestreuen und mit Kompott oder Apfelmus sofort servieren.

LACHS WÜRZEN
für Fisch-Liebhaber

ER WIRD ZUNEHMEND UMWELTVERTRÄGLICH GEZÜCHTET, ZUMINDEST IN EUROPA, UND IST AUCH MIT BIO-ZERTIFIZIERUNG ERHÄLTLICH. LACHSFILET IST DURCH DEN HOHEN ANTEIL AN OMEGA-3-FETTSÄUREN NICHT NUR GESUND, SONDERN AUCH ZART, SAFTIG UND AROMATISCH. ZUDEM GRÄTENARM UND LEICHT ZU GAREN.

OFENLACHS

harmonisch-mild

Den Backofen auf 90 °C (Umluft 80 °C) vorheizen. 3 EL Butter in einem kleinen Topf erhitzen. Mit 2 EL Fenchelsamen und 2 TL Paprikapulver bei geringer Hitze 6 Minuten köcheln lassen. 4 Lachsfiletstücke (à ca. 150 g) mit Salz und Pfeffer würzen. Eine ofenfeste Form mit 1 EL Fenchelbutter einstreichen. Die Lachsfilets in die Form legen und mit der restlichen Butter bestreichen. Die Lachsfilets im Ofen auf der mittleren Schiene 12 Minuten garen. Herausnehmen und anrichten.
Dazu passt z. B. gedünstetes Gemüse oder ein Gemüsesalat.

GEBEIZTER LACHS

frisch-aromatisch

Je 1 Bund Dill und Petersilie mit Stängeln grob hacken. 2 EL Wacholderbeeren, 2 EL Koriandersamen, 1 TL Pimentkörner, 1 TL schwarze Pfefferkörner und 1 TL Dillsamen in einem Mörser oder einem Blitzhacker zerkleinern. Die Gewürzmischung und die Kräuter mit 100 g Zucker und 100 g Salz vermischen. Ca. ¼ der Mischung in eine Form streuen. 1–1,5 kg Lachsfilet mit Haut darauflegen und mit der restlichen Beize bedecken. Mit Folie zudecken, 12 Stunden im Kühlschrank ziehen lassen, dabei mit einem Brettchen beschweren. Den Lachs wenden, noch einmal 12 Stunden ziehen lassen. Den gebeizten Lachs unter kaltem Wasser abspülen, trocken tupfen, mit frisch gehacktem Dill bestreuen, die Kräuter leicht andrücken. Lachsfilet schräg in hauchdünne Scheiben schneiden und auf gebuttertem Toast servieren.
Dazu passen die Klassiker Dill-Senf-Honig-Dip, Sahnemeerrettich und Zitronengelee oder einfach nur ein Klecks Sauerrahm.

WÜSTENLACHS

erdig-orientalisch

2 EL grüne Pistazien, 2 TL Piment, 1 TL Kreuzkümmel, 6 Kardamomsamen (ohne Samenkapsel) und 4 schwarze Pfefferkörner in einem Mörser oder in einer Gewürzmühle fein zerkleinern. Die Gewürze mit 4 EL Brotbröseln in einem tiefen Teller vermischen. 6 EL Mehl in einen zweiten Teller geben. 2 Eier in einem dritten Teller verquirlen. 4 Lachsfilets (à ca. 150 g) salzen, zuerst in Mehl, dann in den Eiern und zuletzt in den Gewürzbröseln wenden. Das Lachsfilets mit 3 EL Butterschmalz in einer beschichteten Pfanne 6–7 Minuten von allen Seiten knusprig braun backen.
Dazu passen Preiselbeeren, aber auch die pikante Zitronenpaste von Seite 123.

LACHS-SPIESSCHEN

feurig

1 Chilischote längs halbieren, Kerne und Stielansätze entfernen. Die Stücke grob hacken. 2 Knoblauchzehen und 4 cm Ingwerwurzel schälen, ebenfalls hacken. 1 EL Erdnüsse in einem Blitzhacker fein mahlen. Die vorbereiteten Zutaten mit 1 EL Zucker und 1–2 EL von Fisch- oder Sojasauce im Blitzhacker pürieren. 600 g Lachs in 3 cm große Würfel schneiden. Die Fischwürfel mit der Paste marinieren und zugedeckt 30 Minuten im Kühlschrank ziehen lassen. Die Lachswürfel auf Bambusspießchen (8–16 Stück, je nach Länge) stecken und mit 2 EL Öl in einer beschichteten Pfanne oder Grillpfanne bei mittlerer Hitze 3–4 Minuten von allen Seiten braten. Mit Limettenspalten servieren.

TAMARINDENLACHS

ätherisch-duftend

Von 2 Stängeln Zitronengras die äußeren Blätter entfernen. Die Stangen der Länge nach vierteln und quer möglichst fein schneiden. 1 Bund Frühlingszwiebeln putzen, welke Blätter entfernen. Die Zwiebeln in 4 cm lange Stücke schneiden. 600 g Lachsfilet 2 cm groß würfeln. Zitronengras und Frühlingszwiebeln mit 2 EL Öl 2 Minuten bei großer Hitze in einer beschichteten Pfanne braten. Mit 3 EL Tamarindenpüree (aus dem Glas) und 200 ml Kokosmilch mischen. Lachswürfel zugeben, salzen und bei mittlerer Hitze 3–4 Minuten gar ziehen lassen.
Dazu passt Reis sehr gut, z. B. persischer Reis (siehe Seite 23).

HÄHNCHEN WÜRZEN

leichte Lieblingsgerichte

ZUBEREITUNGSARTEN FÜR HÄHNCHEN GIBT ES JEDE MENGE: MIT LAVENDEL
WIRD ES ZUM BEISPIEL PROVENZALISCH, MIT ZIMT, KREUZKÜMMEL ODER YSOP
ORIENTALISCH. UND EINE DUFTENDE HÜHNERBRÜHE IST DIE WICHTIGSTE
BASIS FÜR KRÄFTIGE SUPPEN UND REISGERICHTE.

HÜHNERBRÜHE
harmonisch-mild

2 Zwiebeln halbieren. Eine Pfanne mit einem Stück Alufolie auslegen. Die Zwiebelhälften mit der Schnittfläche auf die Alufolie legen und 10 Minuten bei großer Hitze sehr dunkel rösten. 2 Knoblauchzehen grob quetschen. ½ Fenchelknolle putzen und grob würfeln. 2 Tomaten ebenfalls grob würfeln, dabei die Stielansätze entfernen. Die vorbereiteten Zutaten mit einem Huhn, 2 EL getrockneten Pilzen und 2,5 l Wasser aufkochen. Den aufsteigenden Schaum mit einem Sieblöffel abschöpfen. Die Brühe salzen. Das Huhn bei geringer Hitze 45 Minuten gar kochen. Nach 10 Minuten Garzeit 3 EL Koriandersamen, 3 EL Fenchelsamen und 3 Muskatblüten dazugeben. Das fertige Huhn aus der Brühe nehmen und abkühlen lassen. Brühe abschmecken, durch ein feines Sieb in eine Schüssel gießen, vollständig abkühlen lassen. Bis zum Gebrauch, als Grundlage für Suppen, Risotto oder Saucen, einfrieren. Die Hühnerhaut entfernen, das Fleisch von den Knochen lösen. Hühnerfleisch als Suppeneinlage oder für das folgende Rezept verwenden.

HÄHNCHENSALAT
frisch-aromatisch

2 Kaffir-Limettenblätter halbieren, die Mittelrippe entfernen. Die Hälften in feine Streifen schneiden. 1 Bio-Zitrone heiß waschen und abtrocknen. Die Schale fein abreiben und den Saft auspressen. 2 EL Zucker mit 3 EL Wasser in einem kleinen Topf aufkochen. Sobald der Zucker sich hellbraun färbt, mit Zitronensaft und 4 EL Wasser ablöschen – Vorsicht, es spritzt! Limettenblätter und Zitronenschale zugeben. Bei mittlerer Hitze 6–8 Minuten kochen lassen, bis sich der Zucker vollständig ge-

löst hat. Den Sirup abkühlen lassen und mit 200 g Joghurt verrühren. Mit Salz, Pfeffer und 2–3 EL Olivenöl abschmecken. Etwa 400 g gekochtes Hähnchenfleisch in mundgerechte Stücke schneiden. 100 g Wildkräutersalat waschen und trocken schleudern. Salat und Hähnchenfleisch mit der Sauce mischen, anrichten. Eventuell zusätzlich 400 g kurze gekochte Nudeln mit der doppelten Menge Sauce, mit Hähnchenfleisch und Salat vermischen.

KARAWANENPFLANZERL
erdig-orientalisch

4 Hähnchenbrustfilets (ca. 600 g) und 50 g milden Speck grob würfeln, kräftig salzen und auf einem Teller verteilen, 15 Minuten im Tiefkühlfach anfrieren. Danach in einer Küchenmaschine mit Schlagmesser oder mit einem großen Messer fein hacken. Die Blättchen von einem Bund Petersilie grob hacken. 1 Zwiebel und 2 Knoblauchzehen abziehen und würfeln. Alle Zutaten mit 1 TL gemahlenem Pfeffer, 1–2 TL scharfem Paprikapulver, ½ TL Zimtpulver, ½ TL gemahlenem Muskat, 3 EL gehackten Cashewkernen und 1 Ei zu einem glatten Fleischteig kneten. Mit angefeuchteten Händen kleine Bällchen oder flache „Pflanzerl" formen, mit 2 EL Öl bei mittlerer Hitze 6–8 Minuten von allen Seiten braten. Dazu passen Joghurt- oder Kichererbsendips. Mit Tomatensauce und Couscous wird daraus ein Hauptgericht.

GESCHMORTES PFEFFERHUHN
feurig

4 Zwiebeln und 8 Knoblauchzehen schälen und in Scheiben schneiden. 2 EL schwarze Pfefferkörner und 1 EL Senfkörner in einem Mörser oder in einer Gewürzmühle grob schroten. 4 Hühnerkeulen im Gelenk zerteilen.

Die Fleischstücke salzen und mit 2 EL Öl bei großer Hitze 5 Minuten von beiden Seiten braten. Die Hühnerteile aus der Pfanne nehmen, das Bratfett in einen kleinen Bräter oder Topf mit Deckel umfüllen. Zwiebel- und Knoblauchscheiben mit Pfeffermischung und Hühnerkeulen mischen, in den Topf schichten. Mit 500 ml Weißwein aufgießen, zugedeckt 45 Minuten bei geringer Hitze schmoren. Hühnerkeulen aus dem Topf nehmen, die Sauce abschmecken, evtl. mit 200 ml Sahne etwas einkochen.

PROVENZALISCHES HÄHNCHEN
ätherisch-duftend

Den Backofen auf 180 °C (Umluft 160 °C) vorheizen. 3 Zwiebeln und 2 Knoblauchzehen abziehen, halbieren und fein schneiden. 3 Paprikaschoten vierteln, dabei Kerne und Stielansätze entfernen. Die Stücke in Streifen schneiden. 8 getrocknete Aprikosen ebenfalls in Streifen schneiden. 4 Hähnchenbrustfilets mit Salz und Pfeffer würzen und mit 1 EL Olivenöl auf der Hautseite in einer ofenfesten Pfanne bei großer Hitze 5 Minuten anbraten. Das Fleisch aus der Pfanne nehmen, die Gemüsemischung 3–4 Minuten braten, ab und zu umrühren. Mit 250 ml Geflügelbrühe ablöschen. 2 EL Crème fraîche und ½ TL getrocknete Lavendelblüten zugeben. Hähnchenbrustfilets mit der Hautseite nach oben auf das Gemüse legen und 35 Minuten im Ofen garen. Um das Hähnchenfleisch zusätzlich mit Lavendel zu aromatisieren, jeweils 1–2 Lavendelzweige vor dem Braten unter die Haut schieben.

RINDERFILET WÜRZEN

Fleischgerichte vom Feinsten

EIN STÜCK FÜR BESONDERE GELEGENHEITEN: ZART IN AROMA UND STRUKTUR IST DAS FILET IDEAL FÜR MILD GEWÜRZTE GERICHTE WIE CARPACCIO UND TAGLIATA. ABER AUCH DAS EHER RUSTIKALE PFEFFERSTEAK ZÄHLT ZU DEN HÖCHSTEN GENÜSSEN, DIE FLEISCHFEINSCHMECKER KENNEN.

TAGLIATA MIT TOMATEN
harmonisch-mild

1 EL Koriandersamen mit 2 EL Pinienkernen und 1 TL Meersalz in einem Mörser oder Blitzhacker zerkleinern. 500 g Rinderfilet, am besten vom schmalen Ende, mit der Gewürzmischung einreiben und mit 2 EL Öl bei geringer Hitze 8 Minuten von allen Seiten anbraten. 800 g Tomaten kurz mit kochendem Wasser überbrühen, abschrecken, die Haut abziehen. Fruchtfleisch würfeln, Kerne und Stielansätze entfernen. Tomaten mit in die Pfanne geben, leicht salzen. Nach weiteren 2 Minuten das Rinderfilet aus der Pfanne nehmen und auf einem Teller ruhen lassen (4 Minuten, wenn es ein dickeres Stück ist). 2 EL Butter zu den Tomaten geben, 5 Minuten fertig garen. Die Blättchen von ½ Bund Petersilie zupfen und hacken. Filet in dünne Scheiben schneiden, mit Meersalz bestreuen und mit den Tomaten anrichten. Mit Petersilie bestreuen und servieren.

CARPACCIO MIT SALSA VERDE
frisch-aromatisch

Für die Salsa 200 g Schalotten schälen, halbieren und in Scheiben schneiden. Mit 2 EL Olivenöl in einem kleinen Topf mit Deckel 5 Minuten dünsten, mit 200 ml trockenem Vermouth oder Brühe ablöschen und bei geringer Hitze 15 Minuten weich kochen. Die Schalotten vom Herd nehmen, abkühlen lassen. Die Blättchen von 2 Bund Petersilie abzupfen und mit 1 EL Senf und den Schalotten pürieren. 4 EL Olivenöl, 1 EL Zitronensaft und 1 EL Kapern unterrühren, mit Salz und Pfeffer abschmecken. 250 g Rinderfilet vom Metzger in 3 mm dicke Scheiben schneiden lassen. Den Ofengrill vorheizen. 4 kleine Teller mit wenig Olivenöl bestreichen, mit Filetscheiben belegen und wenig Olivenöl beträufeln. Teller auf der obersten Schiene in den Ofen schieben und das Fleisch 1–2 Minuten mehr erwärmen als garen. Das Carpaccio mit Salsa verde servieren.

Dazu passt Blattsalat.

STEAK MIT WACHOLDERBUTTER
erdig-orientalisch

3 Schalotten abziehen, halbieren, fein würfeln und mit 2 EL Butter in einer Pfanne 5 Minuten dünsten. 2 EL Wacholderbeeren in einem Blitzhacker oder Mörser zerkleinern. Von 1 Bund Salbei 2 Zweige beiseitelegen. Die restlichen Blättchen zupfen und fein schneiden. Wacholder und Salbei mit der Schalottenbutter verrühren. Die Butter vom Herd nehmen und abkühlen lassen. 200 g weiche Butter mit 1 TL Salz 5 Minuten schaumig schlagen. Schalottenmischung mit der Butter verrühren und zugedeckt kalt stellen. 4 Rinderfiletsteaks (à ca. 180 g) mit Salz und Pfeffer würzen. 2 Zehen Knoblauch quetschen. 2 EL Olivenöl in einer Pfanne erhitzen und die Steaks mit Salbeizweigen und Knoblauch von beiden Seiten bei mittlerer Hitze 6–8 Minuten rosa braten. In der letzten Minute 1 EL Wacholderbutter mit in die Pfanne geben. Die fertigen Steaks kurz ruhen lassen und mit Wacholderbutter servieren.

Dazu schmeckt Kartoffelgratin (siehe Seite 19).

SIEBEN-PFEFFER-STEAK
feurig

1 EL Paradieskörner (Meleguetapfeffer), 1 EL schwarzen Pfeffer, 1 TL weißen Pfeffer, 1 EL grünen Pfeffer, 4 Stück Langpfeffer, 2 TL Stielpfeffer und 1 TL Szechuan Pfeffer in einem Mörser oder in einer Gewürzmühle schroten. 4 Rinderfiletsteaks (à ca. 180 g) salzen und in der Pfeffermischung wenden. Eine Pfanne mit 2 EL Öl und 2 EL Butter erhitzen. Die Steaks darin bei mittlerer Hitze 6–8 Minuten braten, dabei zweimal wenden. Steaks aus der Pfanne nehmen und auf einem Teller kurz ruhen lassen. Den Bratensatz mit 100 ml Rotwein und dem ausgetretenen Bratensaft ablöschen und 2 Minuten einkochen lassen. Die Pfanne vom Herd nehmen, 2–3 EL kalte Butterwürfel unterschlagen. Die Steaks mit der Sauce anrichten.

Dazu passen Ofenkartoffeln, Bratkartoffeln oder Pommes frites.

FILET IM ZITRONENDAMPF
ätherisch-duftend

1 Kopf Romanasalat quer in 3 cm breite Streifen schneiden, waschen und trocken schleudern. Einen großen Dämpfkorb mit den Salatstreifen auslegen. 1 Bio-Zitrone heiß waschen, abtrocknen und die Schale dünn abschälen. Zitrone halbieren, den Saft auspressen, mit 6 EL Olivenöl verrühren, mit Salz und Pfeffer abschmecken. Zitronenschalen und 4 Kaffir-Limettenblätter mit 1 l Wasser in einem zum Dämpfkorb passenden Topf aufkochen. 4 Scheiben Rinderfilet (à ca. 160 g) mit Salz und Pfeffer würzen und auf den Salat legen. Die Filets zugedeckt 6–8 Minuten dämpfen. Salat und Filets anrichten, mit Zitronensauce beträufeln.

HARMONISCH
& mild

WEICH UND SAMTIG UNTERSTÜTZEN IHRE AROMEN ANDERE GEWÜRZE,
IN MISCHUNGEN SORGEN SIE FÜR HARMONIE: GEWÜRZE WIE MUSKAT,
KORIANDER ODER PAPRIKA SIND IMMER AM RICHTIGEN PLATZ.

Fenchelsamen

Er ist robust, groß und gleichzeitig sehr fein gefiedert. Man kann einfach Biofenchelsamen aus dem Gewürzregal aussäen und dann im Herbst reichlich eigene Fenchelsamen ernten. Die zwei- oder mehrjährige Staude gehört zu den Doldenblütlern, genauso wie Kümmel, Dill, Anis oder Sellerie. Von allen Gewürzen aus dieser Gruppe ist Fenchel das mit Abstand mildeste. Neben Gewürzfenchel und Knollenfenchel (Gemüsefenchel) gibt es noch den südeuropäischen wilden Fenchel oder den ebenfalls sehr wohlschmeckenden Bronzefenchel. Fenchelsamen würzen italienische Braten (siehe Seite 42), Wurstwaren oder Gemüsevorspeisen und auch ein traditionell bayerischer Schweinebraten bekommt durch Fenchelsamen anstelle von Kümmel eine besondere Raffinesse.

Sesam

Die cremefarbenen, beigen oder schwarzen Samen des einjährigen Krautes wachsen in Kapseln, die nach der Ernte getrocknet und gedroschen werden. Sesamsamen sind eine wichtige Ölsaat, ihr typisches Aroma entwickelt sich vor allem beim Rösten. Sesamöl aus gerösteten Samen schmeckt daher viel intensiver als kalt gepresstes Sesamöl und sollte nur als Würzöl in kleinen Mengen für Marinaden und Saucen verwendet werden. Die Samen dienen besonders in der japanischen und koreanischen Küche als Gewürz, als Hauptbestandteil von Gomasio (siehe Seite 21), für Spinat, marinierte Algen oder Sushi.

Kurkuma

Die Pflanze ist heilig, ihr Saft färbt die Gewänder buddhistischer Mönche leuchtend orange, als Naturheilmittel soll Kurkuma die wichtigsten Zivilisationskrankheiten lindern. Genauso wie die anderen Mitglieder der Ingwerfamilie speichert Kurkuma Wirkstoffe, Nährstoffe und auch Aromen in sogenannten Rhizomen. Das sind knollenartige Verdickungen zwischen Blättern und den eigentlichen Wurzeln. Umgangssprachlich nennen wir sie trotzdem Wurzeln. Der Geschmack der frischen Wurzeln erinnert an Ingwer. Das gelbe Pulver aus getrockneten Kurkumawurzeln hat ein sehr viel milderes Aroma und wird auch in der Küche vor allem als Färbemittel eingesetzt. So spielt es eine Rolle in vielen Currypulvern, wird für Reisgerichte verwendet oder um Saucen und Dips orange-gelb zu färben. Auch die Lebensmittelindustrie färbt mit Curcumin, dort hat der reine Farbstoff die Bezeichnung E100.

Koriandersamen

Würze entsteht meist aus Überfluss an Sonne, Wasser, Nährstoffen – manchmal aber auch aus dem genauen Gegenteil. Koriander gehört zu den Helden des Mangels, die Samen kältefester Sorten werden in den mittel- und nordeuropäischen Anbaugebieten sogar besonders aromatisch. Vor den Samen entwickelt die einjährige Pflanze Blätter und kleine Pfahlwurzeln. Beides wird gerne für Curry und Co. verwendet. Der Geschmack der Blätter wird allerdings von vielen als seifig empfunden. Die Samen haben die besondere Eigenschaft, unterschiedliche Aromen harmonisch miteinander zu verbinden. Deshalb bildet Koriander in Gewürzmischungen oft eine Aromabasis. Ob indisches Curry, orientalische Vorspeise oder bayerisches Bauernbrot – Koriander passt immer.

Mohn

Unzählige Mohnsorten zieren weltweit Wiesen und Gärten, doch die Kultur von „Papaver somniferum" ist in Deutschland verboten. Die Sorten, die unseren blauen und den noch milderen, weißen Backmohn liefern, sind dieselben, aus deren unreifen Samenkapseln auch Opium gewonnen werden könnte. In Österreich und anderen Ländern werden morphinarme Züchtungen angebaut – immer unter staatlicher Kontrolle. Das zart-nussige Mohnaroma entwickelt sich erst, wenn die Samen geröstet werden. Beim Backen eines Mohnbrötchens passiert das automatisch, man kann gemahlenen Mohn auch in der Pfanne – unter häufigem Umrühren – rösten. Für Mohneis röstet man gemahlenen Mohn und lässt das Pulver anschließend einen Tag lang mit wenig Wodka quellen. In indischen Gerichten bindet weißer Mohn Saucen, in der japanischen Mischung „Shichimi Togarashi" (siehe Seite 15) verbindet er die Aromen der anderen Gewürze.

Kürbiskerne

Fast alle Kürbiskerne haben dicke, zähe Schalen und sind daher nur begrenzt genießbar. Eine Ausnahme bildet der „steirische Ölkürbis": Dessen Samen entwickeln gar keine Schalen, dafür Öl mit reichlich ungesättigten Fettsäuren. Dieses Kürbiskernöl ist so aromatisch, dass es wie ein Gewürz eingesetzt werden kann. Ein paar Tropfen davon geben zum Beispiel einer Kürbissuppe den letzten Schliff. Und auch die Kürbiskerne selber schmecken wunderbar nussig. Ähnlich wie Pinienkerne eignen sie sich vor allem als Grundlage für Würzpasten (siehe Seite 115), als Bestandteil von Kräuter-Brösel-Panaden und zum Überbacken von Fleisch, Gemüse oder Fisch.

Paprikapulver

Portugiesische Händler brachten kurz nach Kolumbus' Expeditionen Chilisamen nach Indien, von dort reisten die Pflanzen über das osmanische Reich nach Ungarn. Dort züchteten ungarische Bauern dann milde Gewürzpaprika und über österreichische Gulaschtöpfe wanderte das Gewürz im 19. Jahrhundert schließlich in die deutsche Küche. Ungarisches Paprikapulver war hier lange das wichtigste Paprikagewürz. Tatsächlich können Sie jede Paprika- oder Chilisorte sogar selber trocknen und damit ganz eigene Gewürze kreieren (siehe Seite 11). Auch aus Spanien, dem zweiten europäischen Paprikaland, kommen mindestens drei verschiedene Paprikagewürze: Für spanische Schmorgerichte und Paprikasaucen gibt es süße (Pimentón dulce) und scharfe (Pimentón picante) Sorten und zusätzlich noch ein mildes Paprikapulver mit deutlichem Rauchgeschmack (Pimentón de la Vera).

Muskatblüte und Muskat

Wie kann eine so fein duftende Blüte so schwer zu zerkleinern sein? Ganz einfach: Muskatblüten sind in Wirklichkeit die getrockneten Samenhüllen der Muskatnuss und die ist noch viel härter; hat aber glücklicherweise eine Form, in der sie sich gut reiben lässt. Muskatblüten dagegen sollten Sie im Ganzen mitkochen oder gleich gemahlen kaufen. Das pulverisierte Gewürz heißt Macis. In den Hauptanbaugebieten Indonesien (ostindische Muskatnuss) und Grenada (westindische Muskatnuss) wird auch die pfirsichartige Frucht gegessen, die die Muskatnuss umschließt. Beide Muskatgewürze passen zu Kartoffeln, Nudeln, Reis, aber auch zu Eiergerichten, Käse und Milch- und Sahnesaucen. Ganz typisch sind zum Beispiel Kartoffelgratin und Lasagne mit einem deutlichen Hauch Muskat.

Koriander

Es ist kein Zufall, dass Koriander ganz am Anfang der Rezepte in diesem Buch steht: Koriandersamen sind wahrscheinlich das beliebteste Gewürz überhaupt. Es hat seinen Platz in den Küchen aller Kontinente und wird überall unterschiedlich verwendet. Weil Koriandersamen zu fast jedem Gericht passen. Das Aroma wird durch Rösten oder Backen angenehm nussig.

DUKKA-PASTE
mit gegrilltem Gemüse

Die Varianten

Dukka-Schnitzel
Die Gewürzmischung können Sie auch verwenden, um Schnitzel, aber auch Zucchinischeiben oder Fischfilets zu panieren. Dafür etwa einen Teil Dukka-Gewürzmischung (ohne Öl) mit zwei Teilen Brotbröseln mischen. Schnitzel wie gewohnt zuerst in Mehl, dann in Ei und zuletzt in den Dukka-Bröseln wenden. In Butterschmalz goldbraun ausbacken.

Dukka-Dip
Dukka passt auch zu rohen Gemüse-Sticks, zu gekochten Artischocken oder zum Fondue. Dafür können Sie nach Belieben einen Teil des Olivenöls auch durch Joghurt oder Sauerrahm ersetzen – ist nicht ganz authentisch, schmeckt aber sehr gut.

Zutaten für 4 Portionen

125 g getrocknete Kichererbsen

5 EL Sesamsaat

3 EL Korianderkörner

1 TL Kreuzkümmel

1 TL schwarze Pfefferkörner

4 Thymianzweige

2 Stängel Minze

125 ml Olivenöl

Salz

Für das Gemüse

ca. 400 g Süßkartoffeln oder Kürbis

Salz

1 Aubergine

2 Zucchini

2 rote Paprikaschoten

Zeitbedarf
- 30 Minuten +
  60 Minuten garen +
  12 Stunden quellen

So geht's

1. Die Kichererbsen mindestens über Nacht in kaltem Wasser einweichen [→a]. Am folgenden Tag gut abtropfen lassen, in einer Pfanne im Ofen bei 190 °C (Umluft 175 °C) 35 Minuten rösten. Dabei mit Deckel (oder Alufolie) abdecken.

2. Den Deckel abnehmen, die Sesamsaat zugeben, 3 Minuten weiterrösten. Koriander, Kreuzkümmel und Pfeffer zugeben, 2 Minuten rösten. Aus dem Ofen nehmen, die Ofentemperatur auf 240 °C erhöhen (Umluft 220 °C). Kichererbsenmischung abkühlen lassen und im Mörser oder in einer Küchenmaschine mit Schlagmesser fein zerkleinern [→b]. Kräuterblättchen zupfen, hacken und mit Öl und der Gewürzmischung verrühren. Die Paste mit Salz abschmecken.

3. Süßkartoffeln oder Kürbis schälen und in Scheiben schneiden. In Salzwasser 5–6 Minuten kochen, abgießen und mit kaltem Wasser abschrecken. Auberginen und Zucchini längs in Scheiben schneiden. Paprika vierteln, dabei Stielansatz, Trennhäute und Kerne entfernen.

4. Das Gemüse auf einem leicht geölten Blech etwa 15 Minuten grillen, dabei einmal wenden. Leicht salzen und mit Dukka servieren.

Dazu passt Fladenbrot sehr gut.

SO SCHMECKT'S AUCH Besonders fein schmeckt das Gemüse vom Holzkohlengrill. Dafür den Grill vorheizen, Grillrost mit etwas Öl bepinseln und das Gemüse bei mittlerer Hitze 6–8 Minuten von allen Seiten grillen.

DAS IST
wirklich
WICHTIG

[a] DIE HÄUTE der eingeweichten Kichererbsen, die sich beim Aufquellen lösen, lassen sich gut mit einem kleinen Sieb abnehmen.

[b] ZERKLEINERN Die gerösteten Kichererbsen und die Gewürze fein mahlen, damit sie das Öl gut aufnehmen können und die Paste schön cremig wird. Dukka lässt sich gut vorbereiten. Mit Öl vermengt hält sich die fertige Mischung einige Tage im Kühlschrank.

[b]

DAS IST *wirklich* WICHTIG

[a] DAS RINDFLEISCH zuerst mit der Faser in Streifen mit 3–4 cm Durchmesser schneiden, dann quer dazu in kleinfinger-dicke Scheiben schneiden.

[c] DAS GULASCH sollte am Ende der Garzeit schön sämig sein und an der Oberfläche dann rötlich schimmernde Fettaugen zeigen.

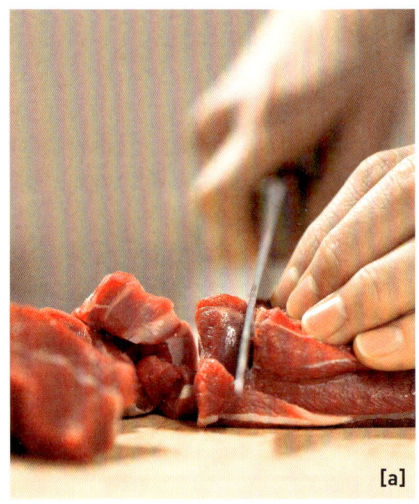

[a]

[b] PAPRIZIEREN Die goldbraunen Zwiebeln mit Paprikapulver bestreuen, aber nur ganz kurz mit anrösten, damit es nicht bitter wird.

[c]

Paprikapulver

Die Unterschiede im Schärfegrad ungarischer Paprikapulver bestimmt der Gehalt an Samen und scharfen Scheidewänden, die Paprikasorten sind die gleichen. Delikatesspaprika ist aromatisch-mild und besteht nur aus Fruchtfleisch. Edelsüße Sorten sind schon etwas schärfer und im rosenscharfen Pulver sind deutlich mehr Samen und Scheidewände enthalten.

SAFTGULASCH
aus Rindfleisch

Zutaten für 4 Portionen

1 kg Rinderwade
(oder Rinderschulter)

800 g Zwiebeln

2 Knoblauchzehen

4 Zweige Majoran (oder
1 TL getrockneter Majoran)

1 TL Kümmel

4 EL Schweine- oder
Butterschmalz

2 EL Rotweinessig

4 EL edelsüßes Paprikapulver

Salz, Pfeffer aus der Mühle

Zeitbedarf
- 25 Minuten +
  2–3 Stunden garen

So geht's

1. Das Rindfleisch klein schneiden [→a]. Die Zwiebeln und Knoblauchzehen abziehen. Zwiebeln halbieren und in dünne Scheiben schneiden. Knoblauch mit Majoranblättchen und Kümmel hacken.

2. Schmalz in einem schweren Topf erhitzen, die Zwiebeln bei großer Hitze 5 Minuten goldbraun braten, dabei öfters umrühren. Knoblauch, Majoran und Kümmel dazugeben. Essig mit 250 ml Wasser mischen. Das Paprikapulver mit den Zwiebeln verrühren [→b], sofort mit etwas Essigwasser ablöschen. Das Fleisch zugeben, mit Salz und Pfeffer würzen und fast ganz zugedeckt bei schwacher Hitze 2–3 Stunden dünsten.

3. Die Flüssigkeit immer wieder fast vollständig einkochen lassen und dann mit wenig Essigwasser aufgießen. Am Ende der Garzeit das Gulasch ganz knapp mit heißem Wasser bedecken und noch einmal 10 Minuten bei schwacher Hitze kochen lassen [→c].

Dazu passen Salzkartoffeln, Knödel oder einfach Weißbrot.

Die Varianten

Gulasch-Gewürz-Butter
100 g weiche Butter mit 2 EL Paprikapulver, 1 TL Chilipulver, 1 gehackten Knoblauchzehe, 1 TL Kümmel, 1 TL geriebener Zitronenschale und den Blättchen von 5 Stängeln Majoran und 1 Bund Petersilie schaumig schlagen. Mit Salz und Pfeffer abschmecken, kalt stellen oder einfrieren. Ein Stück Gulasch-Gewürz-Butter unter das fertige Gulasch rühren oder andere Schmorsaucen mit der Butter abrunden.

Schnelles Fischgulasch
600 g festes Fischfilet (z. B. Forelle) 2 cm groß würfeln. 600 g Sauerkraut mit 100 ml Brühe in einem Topf erhitzen. Fischwürfel mit 2 EL Öl in einer beschichteten Pfanne 5 Minuten braten. Sauerkraut mit Gulasch-Butter und den Fischwürfeln mischen. Mit Sauerrahm und Schnittlauchröllchen servieren.

Kurkuma

Englische Köche brachten das Pulver aus Indien mit und verwendeten es für Currypulver, ähnlich wie es in allen indisch beeinflussten Küchen mit trockenen Gewürzen gemischt wird. Frische Kurkumawurzeln kennt man in Europa erst seit der Verbreitung thailändischer und vietnamesischer Küche. Dort gehört die gehackte oder geriebene Wurzel in viele Currypasten und Marinaden.

SEETEUFEL
mit Reisnudelsalat

Die Variante

Kurkumapaste für Geschnetzeltes

Je 40 g Kurkuma- und Ingwerwurzel und 3 Knoblauchzehen schälen. 2–3 milde Peperoni halbieren, dabei Kerne und Stielansätze entfernen. Die vorbereiteten Zutaten grob hacken und mit 1 TL Salz, 1 EL Zucker und 2 EL Limetten- oder Zitronensaft in einem Mörser oder Blitzhacker zu einer feinen Paste pürieren. 600 g Geschnetzeltes in mehreren Portionen mit jeweils 1 EL Öl bei größter Hitze hellbraun braten. Zum Schluss das ganze angebratene Fleisch in die Pfanne geben, Kurkumapaste unterrühren und 1–2 Minuten zusammen fertig braten. Mit 100 ml Wasser oder Brühe ablöschen, abschmecken. Dazu passt Reis oder der im Rezept beschriebene Reisnudelsalat.

Zutaten für 4 Portionen

50 g Kurkumawurzeln oder 2 EL Kurkumapulver

2 Knoblauchzehen

Salz, Pfeffer aus der Mühle

100 ml Buttermilch

8 Seeteufelkoteletts à 100 g

200 g Reisnudeln (z. B. Bun-Nudeln)

1 Bund Lauchzwiebeln

1–2 Peperoni

1 Limette

4 EL Sojasauce

6 EL Öl (z. B. Erdnussöl)

100 g geröstete, gesalzene Erdnüsse

100 g Sojasprossen

1 Bund Dill

Zeitbedarf
- 20 Minuten +
  30 Minuten garen +
  60 Minuten ruhen

So geht's

1. Kurkumawurzeln und Knoblauchzehen schälen und grob hacken [→a]. Beides mit 1 TL Salz, ½ TL gemahlenem Pfeffer und der Buttermilch im Blitzhacker zu einer feinen Paste zerkleinern. Die Fischkoteletts damit einlegen und zugedeckt 1 Stunde kalt stellen [→b].

2. Die Reisnudeln 10 Minuten in lauwarmes Wasser legen. Wasser abgießen und die Nudeln nach Packungsangabe bissfest kochen, abgießen und abschrecken. Lauchzwiebeln putzen, dabei Wurzeln und welke Blätter entfernen. Die Zwiebeln in Ringe schneiden. Peperoni halbieren, dabei Kerne und Stielansatz entfernen. Die Hälften fein hacken. Limette halbieren, den Saft auspressen. Limettensaft, Sojasauce und 4 EL Öl verrühren. Mit Peperoni und Lauchzwiebeln mischen und mit Salz und Pfeffer abschmecken. Erdnüsse grob hacken. Sprossen verlesen. Dillzweige abzupfen und grob hacken.

3. Reisnudeln kurz mit Wasser abspülen, damit sie nicht kleben. Abtropfen lassen und mit der Sauce, den Erdnüssen, Sprossen und Dill locker mischen. Die Fischkoteletts aus der Marinade nehmen. Restliches Öl in einer beschichteten Pfanne erhitzen. Koteletts bei mittlerer Hitze 5–6 Minuten braten, einmal wenden. Seeteufel mit Reisnudelsalat anrichten.

[a]

DAS IST
wirklich
WICHTIG

[a] KURKUMAWURZELN zuerst quer zur Faser in Scheiben schneiden, dann lässt sie sich später gut pürieren. Kurkuma färbt recht stark, deshalb eventuell beim Schälen Handschuhe verwenden. Schneidebrettchen danach sofort abwaschen.

[b] MARINIEREN Die Fischstücke in der Marinade wenden, damit die Oberfläche gleichmäßig gefärbt und aromatisiert wird.

Muskat

Unter Köchen heißt es, man solle einem Kochlehrling zu Beginn seiner Lehre eine Muskatnuss geben, in den folgenden Jahren solle er jedes Gericht mit seiner Muskatnuss würzen und am Ende der Lehrzeit immer noch ein kleines Stück der Nuss übrig haben. Der Kern dieser Geschichte: Muskat würzt schon in sehr kleinen Mengen und passt fast immer.

BLUMENKOHL
in Linsenteig gebacken

Die Variante

Ausbackteig
Unser Teig eignet sich als aromatischer Grundbackteig für Gemüse, Fleisch und Fisch. Zarte Gemüse wie Lauchzwiebeln, junge Möhren oder Babymais können Sie roh ausbacken. Gemüse mit längerer Garzeit zuerst in Spalten schneiden und kurz vorkochen. Fisch oder Fleisch in kleinfingerdicke Streifen schneiden. Falls zu wenig Teig an glattem Gargut haftet, dieses ähnlich wie ein paniertes Schnitzel erst in wenig Mehl wenden, dann durch den Linsenteig ziehen.

Zutaten für 4 Portionen

250 g rote Linsen

1 kleiner Blumenkohl (ca. 800 g)

Salz

3 Scheiben Toastbrot vom Vortag (oder 50 g Knödelbrot)

1 rote Zwiebel

2 Knoblauchzehen

2 TL frisch gemahlene Muskatnuss

1 EL Kurkumapulver

125 g Mehl

Pfeffer

500 ml Öl zum Ausbacken

2 Zitronen oder Limetten

Zeitbedarf
- 15 Minuten +
  10 Minuten garen +
  12 Stunden quellen

So geht's

1. Die Linsen über Nacht mit reichlich kaltem Wasser einweichen. Linsen in ein Sieb abgießen. Blumenkohl in Röschen teilen und in Salzwasser ca. 3 Minuten bissfest kochen. Blumenkohl abgießen, abschrecken und abtropfen lassen.

2. Toastbrot in einer Küchenmaschine mit Universal-Zerkleinerer zerbröseln oder – etwas mühsamer – im Mixer. Zwiebel und Knoblauch schälen, grob hacken. Linsen mit Brot, Zwiebel, Knoblauch, Muskat, Kurkuma und Mehl fein pürieren. Mit 250 ml Wasser zu einem zähflüssigen Teig verrühren und mit Salz und Pfeffer würzen.

3. Das Öl in einer großen Pfanne erhitzen. Blumenkohlröschen zuerst in Mehl und dann im Linsenteig wenden und in 3 Portionen nacheinander jeweils 4–5 Minuten goldbraun und knusprig backen. Auf Küchenpapier abtropfen lassen und mit Zitronen- oder Limettenschnitzen anrichten. Am besten sofort servieren.

Dazu passen frisch-säuerliche Dips, am allereinfachsten ein Joghurt, abgeschmeckt mit Salz, Pfeffer und frischen Kräutern, oder ein Tsatsiki.

Muskatblüte

Beide Muskatgewürze sind austauschbar, auch wenn Muskatblüte etwas feiner und milder schmeckt als die Nuss mit ihrem ganz leicht brennenden, zart-bitteren Aroma. Ganze Muskatblüten immer mitkochen und am Ende der Garzeit entfernen. Macis, gemahlene Muskatblüte, erst gegen Ende der Garzeit zugeben. Das Pulver ist ungewöhnlich schön erdig-orange gefärbt.

MARONENSUPPE
mit gebratenen Pilzen

Zutaten für 4 Portionen

1 Zwiebel

250 g gegarte, vakuumverpackte Esskastanien

2 EL Butter

5–7 Stück Muskatblüten

100 ml roter Portwein

0,6 l Brühe

Salz, Pfeffer aus der Mühle

400 g Pilze nach Saison (z. B. Pfifferlinge, Steinpilze, Herbsttrompeten)

1 EL Öl

1 Bund Schnittlauch

200 ml Sahne

Zeitbedarf

- 15 Minuten +
  30 Minuten garen

So geht's

1. Die Zwiebel schälen, halbieren und fein würfeln. Die Kastanien aus der Verpackung nehmen und voneinander trennen. Zwiebeln und Kastanien mit 1 EL Butter und Muskatblüten 5 Minuten bei mittlerer Hitze dünsten. Mit Portwein ablöschen, fast vollständig einkochen lassen. Brühe zugeben und 15 Minuten bei mittlerer Hitze kochen. Muskatblüten entfernen. Die Suppe pürieren und mit Salz und Pfeffer abschmecken.

2. Die Pilze putzen, mit einem Tuch abreiben und Wurzelreste abschneiden. Nur wenn unbedingt nötig, ganz kurz waschen und dann auf einem Tuch vorsichtig abtrocknen. Große Pilze in Scheiben schneiden, kleine ganz lassen. Die vorbereiteten Pilze mit Öl und restlicher Butter in einer beschichteten Pfanne 3–4 Minuten goldbraun braten. Mit Salz und Pfeffer würzen. Schnittlauch in Röllchen schneiden.

3. Die Maronensuppe aufkochen. Die Sahne halbsteif schlagen und unter die Suppe rühren, anrichten. Die Pilze in der Suppe verteilen und mit Schnittlauch bestreuen.

Die Varianten

Feine Kartoffelsuppe

Traumhochzeit: Muskat ist das wichtigste Gewürz für alle Gerichte aus gekochten Kartoffeln. Für eine Suppe anstelle der Kastanien 400 g mehlige Kartoffeln schälen, in Scheiben schneiden und mit Zwiebeln und Muskatblüten dünsten. Den roten durch weißen Portwein ersetzen.

Kühle Sommer-Suppe

Kartoffeln verwenden, aber ohne Sahne kochen. Die Suppe pürieren, vollständig abkühlen lassen und mit 400 ml Buttermilch verrühren, kräftig abschmecken. Nach Belieben jeweils 1 EL Forellen- oder Saiblingskaviar in die Suppe setzen und mit essbaren Blüten von Kapuzinerkresse, Borretsch oder Schnittlauch garnieren.

Fenchelsamen

Was man in Mittelmeerländern am Wegesrand findet und was, mit gefiederten Blättern und großen Blütendolden, an Dill erinnert, sind wilde Fenchelstauden. Im mitteleuropäischen Hausgarten gedeihen sie gut, noch besser die nahen Verwandten Gewürzfenchel und Bronzefenchel. Ihr Geschmack gehört zur Anis-Kümmel-Gruppe, ist aber viel milder und deutlich süß.

SCHWEINEBRATEN
auf toskanische Art

Die Variante

Toskanische Mischung

Aus den gehackten Fenchelsamen wird eine toskanische Gewürzmischung, wenn man Fenchelsamen mit den Nadeln von 2–3 Rosmarinzweigen oder den Blättchen von einem halben Bund Thymian hackt und ein wenig geriebene Zitronenschale dazugibt. Die Mischung eignet sich auch, um kurz gebratene Steaks oder Schnitzel zu würzen oder ein Gulasch oder Ragout zu verfeinern. Für eine sommerliche Kräuterbutter zu gegrilltem Fisch oder Fleisch 225 g Butter 10 Minuten lang weiß-schaumig rühren. 1 Zwiebel und 2 Knoblauchzehen schälen, fein würfeln und mit 25 g Butter und mit 1 gestrichenen TL Salz weich dünsten. Gewürzmischung zugeben, einmal umrühren und mit 2 cl Pernod ablöschen. Abkühlen lassen, mit der Butter verrühren.

Zutaten für 4 Portionen

| 2 EL Fenchelsamen |
| 3 EL Olivenöl |
| 1 kg Schweinebraten ohne Schwarte (z. B. Halsgrat) |
| Salz, Pfeffer aus der Mühle |
| 4 Zwiebeln |
| 4 Knoblauchzehen |
| 2 Tomaten |
| 250 ml Weißwein |

Zeitbedarf

- 20 Minuten +
  100 Minuten garen

So geht's

1. Backofen mit einem Bräter (oder einer ofenfesten Pfanne) auf 190 °C (Umluft 170 °C) vorheizen. Fenchelsamen mit 1 TL Olivenöl hacken [→a]. Schweinebraten mit den Fenchelsamen, Salz und Pfeffer einreiben [→b]. Restliches Olivenöl in den Bräter geben, das Fleisch hineinlegen und von allen Seiten insgesamt etwa 20 Minuten anbraten.

2. In der Zwischenzeit Zwiebeln und Knoblauch schälen. Zwiebeln halbieren und in Spalten schneiden. In den Bräter geben. Knoblauch in Scheiben schneiden, Tomaten grob würfeln, ebenfalls zugeben. Nach weiteren 5 Minuten mit wenig Weißwein ablöschen (nach Belieben 2–3 Lorbeerblätter in die Sauce geben). Etwa 60 Minuten fertig braten, dabei immer wieder mit wenig Wein begießen. Sobald der Wein verbraucht ist, etwas Wasser verwenden.

3. Den Braten aus dem Ofen nehmen, kurz ruhen lassen, in Scheiben schneiden und mit der Sauce servieren. Dazu passen Kartoffelgratin (siehe Seite 19) oder kurze Nudeln.

SO SCHMECKT'S AUCH Nach dem Ablöschen des Bratens 1 Zimtstange zerbrechen und mit in die Sauce geben oder 1 TL Zimtblüten mörsern und gleich zu Beginn mit den gehackten Fenchelsamen mischen.

DAS IST *wirklich* WICHTIG

[a] DIE FENCHELSAMEN mit etwas Öl beträufeln, damit sie beim Hacken nicht wegspringen können.

[b] DIE GEWÜRZMISCHUNG sorgfältig mit den Fingern rundum in das Schweinefleisch einmassieren.

DAS IST *wirklich* WICHTIG

[a] **DIE KÜRBISKERNE** so lange rösten, bis sie duften und die Kerne beginnen aufzuspringen.

[b] **SPIESSE BRATEN** Die Seezungenfilets beim Aufspießen jeweils zweimal durchstechen. Die Kürbisspieße zuerst braten, denn sie haben die längste Garzeit. Die Spieße regelmäßig wenden, sodass alle 4 Seiten gleichmäßig gebräunt werden.

[a]

[b]

Kürbiskerne, Kürbiskernöl

Auch steirische Ölkürbisse fürs steirische Kürbiskernöl wachsen heute oft in China – wer sichergehen will, sollte auf die blaugelbe Kennzeichnung „g.g.A." (geschützte geographische Angabe) achten. Kerne und Öl sind nicht sehr lange haltbar, besonders Kürbiskernöl sollte man nur in den Mengen kaufen, die man innerhalb weniger Monate verbraucht.

HARMONIECREME
mit Saté-Spießchen

Zutaten für 4 Portionen

1 Knoblauchzehe

100 g Kürbiskerne

2 EL Korianderkörner

1 EL Fenchelsamen

½ TL Muskat

1 EL edelsüßes Paprikapulver

1 EL Kurkuma

100 ml Kürbiskernöl

Salz, Pfeffer

200 g Hähnchenbrustfilet

400 g Hokkaidokürbis

200 g Seezungenfilet

3–4 EL Öl

1 Bund Rucola

150 g Joghurt

ca. 30 Grillspießchen

Zeitbedarf
▪ 40 Minuten +
   20 Minuten garen

So geht's

1. Knoblauch schälen und in Scheiben schneiden. Kürbiskerne, Koriander- und Fenchelsamen in einer Pfanne ohne Fett ca. 5 Minuten rösten [→a]. Knoblauch zugeben, einmal umrühren und dann alles zusammen in einer Schüssel mit Muskat, Paprikapulver und Kurkuma mischen. Abkühlen lassen, dann in einem Blitzhacker fein mahlen. Kürbiskernöl zugeben, mit Salz und Pfeffer abschmecken.

2. Die Hähnchenbrustfilets der Länge nach in 1 cm dicke Streifen schneiden. Mit einem Löffel oder einem Butterroller Kerne und Fasern aus dem Kürbis entfernen. Kürbis 1 cm groß würfeln, in einer Schüssel mit 1 EL Öl mischen. Seezungenfilets längs halbieren. Fleisch- und Fisch-Streifen längs aufspießen und jeweils 6–8 Kürbisstücke auf einen Spieß stecken [→b]. Spießchen mit Salz und Pfeffer würzen. Rucola putzen, waschen und trocken schleudern, dicke Stiele entfernen.

3. Den Backofen mit einer Servierplatte auf der mittleren Schiene auf 80 °C vorheizen. Öl in einer großen Pfanne erhitzen. Zuerst die Kürbisspießchen bei mittlerer Hitze etwa 8 Minuten braten. Spieße auf der Servierplatte im Ofen warm stellen. Hähnchenspieße bei großer Hitze 4 Minuten braten. Ebenfalls im Ofen warm halten. Seezungenspieße bei großer Hitze 2–3 Minuten braten. Die Spieße anrichten. Rucola, Harmoniecreme und Joghurt in Schälchen dazu servieren.

Dazu passen Weißbrot oder Ofenkartoffeln.

Die Variante

Tafelspitzsalat
Kürbiskerne schmecken sehr gut zu gekochtem Rindfleisch. Für einen feinen Salat 500 g gekochten Tafelspitz (oder anderes gekochtes Rindfleisch oder kalten Braten) zuerst in dünne Scheiben und dann in fingerbreite Streifen schneiden. 3 EL Kürbiskerne grob hacken, in einer Pfanne ohne Fett rösten, bis sie duften. Kürbiskerne in einer Schüssel mit 2 EL Balsamessig, 1 TL scharfem Senf, 4 EL Brühe und 2 EL Kürbiskernöl verrühren, mit Salz und Pfeffer würzen. 1 Bund Frühlingszwiebeln putzen, dabei Wurzeln und welke Blätter entfernen, die Zwiebeln in feine Ringe schneiden. Alle Zutaten miteinander mischen, mit geriebenem Meerrettich bestreuen und mit den Blättchen von 1 Bund Rucola garnieren.

BROTGEWÜRZE
für Gebäckvariationen

WASSER, MEHL UND HEFE – ODER SAUERTEIG – MACHEN EIN BROT AUS. UND DOCH HAT JEDE REGION IHRE EIGENEN, UNVERWECHSELBAREN SPEZIALITÄTEN. SIE UNTERSCHEIDEN SICH VOR ALLEM DURCH UNTERSCHIEDLICHE GEWÜRZE UND GEWÜRZMISCHUNGEN: SÜDDEUTSCHE BÄCKER SCHWÖREN AUF BROTE MIT KORIANDER UND KÜMMEL, TIROLER WÜRZEN IHRE SCHÜTTELBROTE MIT SCHABZIGER-KLEE, TÜRKISCHE FLADENBROTE GEWINNEN IHREN REIZ DURCH KLEINE SCHWARZE NIGELLASAMEN.

FLAMMBROT MIT BROTGEWÜRZ

1 TL Kreuzkümmel, 2 TL Koriandersamen und 1 TL Selleriesamen (oder 1 TL Fenchelsamen) in einem Mörser oder Blitzhacker grob schroten. Die Hälfte der Gewürzmischung mit je 250 g Vollkornweizen- und Roggenmehl, 2 EL Natursauerteigpulver, 1 Beutel Trockenhefe und 1 TL Meersalz mischen. Mit 320 ml lauwarmem Wasser zu einem glatten Teig verkneten. Weiterkneten, bis der Teig nicht mehr klebt, dann in einer hohen Schüssel mit einem feuchten Tuch zudecken und an einem warmen Ort etwa 45 Minuten gehen lassen, bis sich das Teigvolumen verdoppelt hat. 200 g Speck klein würfeln. Backofen auf 220 °C (Umluft 200 °C) vorheizen. Den Teig noch einmal kurz durchkneten und in 4 gleich große Stücke teilen. Auf einer mit Mehl bestäubten Arbeitsfläche dünne, längliche Teiglinge ausrollen. Zugedeckt noch einmal 10 Minuten ruhen lassen. Jeden Teigling mit 2 EL Sauerrahm bestreichen und mit Speckwürfeln und der Gewürzmischung bestreuen. Flammbrote auf zwei mit Backpapier ausgelegte Bleche legen und nacheinander auf der mittleren Schiene ca. 15 Minuten backen. 1 Bund Schnittlauch fein schneiden. Die Brote aus dem Ofen nehmen, mit Schnittlauch bestreuen und servieren. Die Gewürzmischung eignet sich für alle rustikalen Bauernbrote mit einem Teil Roggenmehl. Zusätzlich 1 TL Südtiroler Brotklee (Schabzigerklee) gibt dem Teig das Aroma von Vinschgerl, Schüttelbrot & Co.

FLADENBROT MIT NIGELLA

500 g Mehl mit 300 ml kaltem Bier, 2 TL Salz, 2 TL Zucker und ¼ Hefewürfel zu einem glatten Teig verkneten. Mit einem feuchten Tuch

und einer Plastiktüte zudecken und an einem kühlen Ort, aber nicht im Kühlschrank, etwa 8 Stunden langsam gehen lassen, bis sich das Teigvolumen verdoppelt hat. Backofen mit einem Blech auf der zweituntersten Schiene auf 220 °C (Umluft 200 °C) vorheizen. Den Teig auf einer mit Mehl bestäubten Arbeitsfläche zu einem großen Fladen ausrollen. Auf ein Backpapier legen, noch einmal 15 Minuten gehen lassen. Mit den Fingern Mulden in den Teig drücken, mit 2–3 EL Olivenöl beträufeln, mit 1 EL Nigella und etwas Meersalz bestreuen und mit dem Backpapier auf das Blech im Ofen heben. 10 Minuten goldbraun backen. Fladenbrot aus dem Ofen nehmen, kurz abkühlen lassen und servieren.
Nigella oder Schwarzkümmel ist das beliebteste Brotgewürz in vielen orientalischen Ländern. Nigella ist übrigens nicht mit Kümmel verwandt, sondern mit einer schönen Gartenblume: „Jungfrau im Grünen". Es schmeckt auch auf traditionell-europäischen Broten, zum Beispiel mit Koriander gemischt auf Bauernbrot.

GRISSINI MIT SESAM

250 g Mehl mit 1 TL Zucker in einer Schüssel mischen. Eine Vertiefung in das Mehl drücken und ¼ Hefewürfel mit 80 ml lauwarmem Wasser und einem Eigelb in der Mulde verrühren. Mit etwas Mehl bestäuben und zugedeckt ca. 10 Minuten gehen lassen. 3 EL Sesam in einer Pfanne ohne Fett rösten, bis die Samen beginnen zu duften. Abkühlen lassen und im Mörser mit 1 TL Salz zerreiben. Sesamsalz mit 60 g weicher Butter und der Mehlmischung verkneten, bis der Teig nicht mehr klebt. Die Teigschüssel mit einem feuchten Küchentuch abdecken und bei Zimmertemperatur 2–3 Stunden gehen lassen. Ofen auf 200 °C (Umluft 180 °C) vorheizen. Aus dem Teig etwa 5 mm dicke Rollen formen, auf ein mit Backpapier ausgelegtes Blech legen. Zudecken und 15 Minuten ruhen lassen. Grissini mit Wasser bestreichen und mit 1–2 EL Sesam bestreuen (nicht geröstet), 10 Minuten goldbraun backen.

Den Grissini-Grundteig kann man auch anders aromatisieren, z.B. mit getrockneten Tomaten und Oregano. Dafür 50 g getrocknete Tomaten in einem kleinen Topf mit Wasser bedecken und 5 Minuten kochen. Tomaten auf ein Sieb abgießen, etwas ausdrücken, klein hacken. Tomaten und 1 EL getrockneten Oregano mit dem Teig verkneten. Den Teig wie beschrieben formen und backen.

PFANNENBROT PANCH PHORON

Für die indisch-bengalische Gewürzmischung Panch Phoron je 1 TL Sellerie-, Nigella-, Kreuzkümmel-, Fenchel- und Bockshornkleesamen mischen. Im Mörser oder einer Gewürzmühle grob schroten. 300 g Mehl mit 1 TL Salz, 1 TL Zucker, 1 Ei und 100 ml Wasser zu einem festen, glatten Teig verkneten. Den Teig viertein. Die Teigstücke zu Kugeln formen und auf einem geölten Teller, mit einem feuchten Küchentuch bedeckt mindestens 30 Minuten im Kühlschrank ruhen lassen. Danach auf einer mit Mehl bestäubten Arbeitsfläche zu länglichen, 2–3 mm dicken Fladen ausrollen. Die Fladen von der langen Seite her einrollen und wie ein Seil spiralförmig eindrehen. Noch einmal 2–3 mm dick ausrollen. Die Brote mit Panch Phoron bestreuen, die Gewürze leicht andrücken. Mit 2–3 EL Butterschmalz bei mittlerer Hitze 4 Minuten goldbraun braten, dabei einmal wenden. Auf Küchenpapier abtropfen lassen, warm oder kalt servieren. Panch Phoron passt gut zu kohlehydratreichen Gerichten wie Linsen oder Kartoffeln. Dafür die Mischung aus ganzen oder geschroteten Körnern in Butterschmalz anbraten und unter das fertige Gericht mischen oder, wie in diesem Rezept, als Streugewürz beim Braten verwenden, z.B. für Bratkartoffeln. „Panch" heißt 5 und „Phoron" Samen – 4 der 5 Zutaten stehen fest. Die fünfte ist ein lokales Gewürz namens „Radhuni", eine Art wilder Sellerie. Oft wird es durch braune Senfkörner ersetzt, der Geschmack von Selleriesamen oder Ajowan kommt dem Original besonders nahe.

Mohn

Im österreichischen Waldviertel hat der Mohnanbau eine lange Tradition. Weil der Anbau aber schwer zu mechanisieren war, kam er aus der Mode. Doch eine Produktionsgenossenschaft erweckte ihn wieder zum Leben. Die ölreichen Samen kommen nicht nur ganz oder gemahlen in die Küche, sondern auch gepresst – zu einem feinen, leider auch teuren Mohnöl.

KARTOFFELNUDELN
mit Schmorsalat

Die Varianten

Süße Nudeln

Wie die meisten süddeutsch-österreichischen Knödel- oder Nudelteige, so ist auch der Ofenkartoffelteig neutral. Er schmeckt pikant serviert, aber auch süß. Für süße Mohnnudeln einfach den Salat weglassen. 2–3 EL Zucker mit ins Kochwasser geben und etwas Zucker in den gerösteten Mohn, unmittelbar bevor man die Nudeln darin schwenkt. Dazu passen Kompotte aus Zwetschgen, Kirschen oder Aprikosen.

Mohn mahlen

Frisch gemahlener Mohn (z. B. aus dem Reformhaus) schmeckt am besten. Wer häufiger mit Mohn bäckt, sollte über die Anschaffung einer Mohnmühle oder einer für Ölsaaten geeigneten Getreidemühle nachdenken. Kleine Mengen lassen sich auch in einer Gewürzmühle zerkleinern.

Zutaten für 4 Portionen

700 g große, mehlige Kartoffeln

500 g Quark (20 %)

200 g doppelgriffiges Mehl (Spätzlemehl, Wiener Griessler)

4 EL Butter

Salz

2 EL gemahlener Mohn

2 EL Brotbrösel

Für den Schmorsalat

3–4 Lauchzwiebeln

1 Kopf- oder Romanasalat

100 g Speck

2 EL Essig (z. B. Estragonessig)

Salz, Pfeffer, Muskat

Zeitbedarf
- 30 Minuten +
  60 Minuten garen +
  30 Minuten ruhen

So geht's

1. Den Backofen auf 190 °C vorheizen (Umluft 170 °C). Kartoffeln waschen und ungeschält 1 Stunde im Ofen garen. Kartoffeln halbieren und auslöffeln, 500 g abwiegen, mit einer Kartoffelpresse zerdrücken. Den Quark in einem Tuch ausdrücken [→a], anschließend zusammen mit Kartoffeln, Mehl, 1 EL Butter und einer Prise Salz verkneten. Den Kartoffelteig im Kühlschrank 30 Minuten ruhen lassen.

2. In der Zwischenzeit Lauchzwiebeln putzen und in Ringe schneiden. Salat putzen, waschen und in Streifen schneiden. Den Speck würfeln und in einer Pfanne anbraten, Zwiebeln zugeben. Nach 5 Minuten den Salat zugeben, mit Essig ablöschen, mit Salz, Pfeffer und Muskat kräftig würzen, zugedeckt 5 Minuten dünsten.

3. Fingerdicke Teigrollen formen, in 5 cm lange Stücke schneiden und zu Nudeln formen [→b]. In reichlich kochendes Salzwasser geben, die Hitze reduzieren, sobald die Nudeln nach oben steigen, noch 6 Minuten gar ziehen lassen.

4. Die Butter in einer Pfanne erhitzen, Brösel und Mohn unter ständigem Rühren goldbraun rösten. Nudeln aus dem Wasser heben, in den Bröseln schwenken und mit Schmorsalat servieren.

DIE NUDELN GLEICHMÄSSIG MIT DEN MOHN-BRÖSELN ÜBERZIEHEN.

[a]

DAS IST
wirklich
WICHTIG

[a] DER QUARK sollte so gründlich ausge-drückt werden, dass sich das Muster des verwendeten Küchentuches einprägt.

[b] NUDELN FORMEN Die Teigstücke zwi-schen bemehlten Händen rollen, dabei an den Enden dünner und leicht spitz formen.

FRISCH
& aromatisch

ZARTE KRÄUTER MIT KNACKIGEN BLÄTTERN BRINGEN SONNE IN DIE KÜCHE. GEZUPFT ODER ALS CREMIGES PESTO GEBEN BASILIKUM, MINZE & CO. EINFACHEN GENÜSSEN DEN FRISCHE-KICK.

Basilikum

Das Lieblingskraut aller Pizzabäcker und Pastaköchinnen kommt aus Indien. Dort heißt die wichtigste Sorte „heiliges Basilikum" oder Tulsi – nach einer Hindu-Göttin. Es gibt noch einige andere asiatische Sorten, wie das bekannte Thai-Basilikum. Die meisten davon sind in der Küche gut untereinander austauschbar. Dagegen schmecken die Blätter der mediterranen Verwandten doch deutlich anders: Im indischen Curry stört ein Genoveser Basilikum genauso wie Thai-Basilikum den gewohnten Geschmack einer Pizza Margherita beeinträchtigt – im Zweifelsfall also lieber weglassen als austauschen. Eine sehr aromatische, aber trotzdem milde Sorte ist das kleinblättrige griechische Basilikum.

Borretsch

Er hat schöne blaue Blüten, aber seine Blätter bilden leider sehr viele, leicht stachelige Blatthaare, die beim Essen stören und sogar zu Hautreizungen führen können – deshalb mit Handschuhen ernten, für Salate fein schneiden oder in Suppen pürieren. Auch im Kräutergarten ist das Kraut mit Vorsicht zu genießen: Borretsch sät sich selbst aus, Ameisen verbreiten die Samen und die Pflanzen wuchern. Trotzdem: Es lohnt sich, mit Borretsch zu kochen, sein feines Gurkenaroma ist einfach durch nichts zu ersetzen. Vor allem ganz junge, schwach behaarte Borretschblätter machen sich sehr gut in der Frühlingsküche, besonders im Salat.

Kapern

Ruinen und Geröll in kargen Landschaften rund ums Mittelmeer, das ist ihre Heimat. Je heißer die Sonne brennt, desto besser für die dornigen Kapernsträucher. Von Mai bis September pflücken Kapernbauern jede Woche Kapernknospen, die kleinsten schmecken am feinsten. Die Blüten, sehr schön, weiß-violett mit Staubblättern, die an eine Puderquaste erinnern, werden nicht gegessen, die unreifen Früchte aber in Spanien als Kapernäpfel eingelegt. Auf der griechischen Insel Santorin gelten sogar die Blätter als Spezialität. Doch vor allem schätzen wir die Knospen. Die werden kurz angetrocknet, mit reichlich Salz zweimal je zehn Tage lang fermentiert und dann gesalzen verkauft. In der Küche werden Kapern in Wasser entsalzen, oft auch in Essig gelegt. Sie passen gut zu Saucen, besonders zu Mayonnaise.

Estragon

Manche lieben ihn, manche hassen ihn – Lakritz ist der Teil des Estragonaromas, der Genießer irritiert. In der klassischen französischen Küche ist das Kraut besonders wichtig. Ob für Estragonessig, für den Sie einfach ein paar Stängel Estragon einige Tage lang in Weißweinessig ziehen lassen, für ein französisches Estragon-Rahmhähnchen (siehe Seite 62) oder eine Sauce béarnaise. Im Herbst wird Estragon geerntet. Einen Estragonessig anzusetzen war zunächst einfach eine Methode, um das Aroma für den Winter zu konservieren. Für Salate ist dieser Essig ideal. Für aromatische Säure in einer feinen Fischsauce ist es noch besser, Estragon in Weißwein zu legen.

Dill

Kulinarische Moden kommen und gehen, Dill bleibt. Als Gewürz für Fisch und für eingelegtes Gemüse, für Salzkartoffeln und Joghurt-Dips. Der Geschmack von Dill und Fenchel ähnelt sich sehr, doch Fenchelkraut und Samen kommen aus der mediterranen Küche, Dill eher aus dem Norden und schmeckt immer weniger süß, egal ob Sie Kraut, Blüten oder Samen vergleichen. Auch für ungewohnte Zubereitungen eignet er sich gut. In Vietnam, wo französische und vietnamesische Küche sich begegnen, kombiniert man Dill mit Fischsauce, Ingwer- und Kurkumawurzel, Chili, gerösteten Erdnüssen und Reisnudeln. Und auch dort: mit Fisch.

Kerbel

In Bayern heißt die traditionelle Suppe für den Gründonnerstag „Kräutelsuppe" und dabei steht Kräutel ganz einfach für Kerbel. Der kann Kälte ganz gut vertragen und wächst schon sehr früh im Jahr. Kein Wunder, schließlich kommt der feine Verwandte der Petersilie aus Russland. Die gefiederten Kerbelblättchen sind ausnehmend hübsch. Deshalb wurde Kerbel in der Gourmetküche der 1980er Jahre, was krause Petersilie in der Schnitzel-Gasthaus-Küche heute noch ist: ein Deko-Element. Doch damit tun wir ihm unrecht: Kerbel schmeckt gut in Suppen und Salaten oder in Saucen und Marinaden zu hellem Fleisch und Fisch. Wie auch Basilikum oder Schnittlauch sollte Kerbel immer erst gegen Ende der Garzeit hinzugefügt werden.

Petersilie

Ihr frisches, erdiges und leicht herbes Aroma gehört zu den Fundamenten der mitteleuropäischen Küche. Petersilie ist eng mit Sellerie verwandt und wie dieser eine aromatische Grundlage für Brühen und Suppen. In Salaten, Salatsaucen oder Dips schmeckt Petersilie auch roh sehr frisch und würzig und doch nie zu stark. Auch ein Petersiliensalat ist ein Genuss, z. B. mit ein paar Tomatenwürfelchen, hauchdünn geschnittenen Zwiebelringen und Avocado. Solange die Blättchen jung und zart sind, können Sie krause und glatte Petersilie verwenden. Ausgewachsen werden die Blätter der krausen Petersilie struppig und ledrig, dann schmecken sie nur noch gehackt. Blattpetersilie fühlt sich im Mund nicht nur angenehm an, sie enthält auch deutlich mehr ätherische Öle und schmeckt so intensiver als die krause Variante.

Minze

Ob Kärntner Nudelminze, marokkanische Nana-Minze oder Pfälzer Pfefferminze, jede Landschaft hat ihre eigenen Sorten. Jede Sorte bildet wiederum eigene Aromen, die sich an verschiedenen Standorten unterschiedlich entwickeln. Und zu allem Überfluss kreuzen sich die vielen Sorten auch noch ohne Unterlass untereinander. Zwar sind die Sorten untereinander austauschbar, aber der Geschmack eines marokkanischen Gerichtes ändert sich natürlich ein wenig, wenn Sie Pfälzer Minze dafür verwenden. Sehr gut schmeckt ein Tee aus frischen Blättern. Im Sommer kalt, mit Zitronensaft, manchmal auch mit etwas Zucker. In der kalten Jahreszeit bevorzugt heiß mit einer Ingwerscheibe und Orangensaft.

Frühlings-Kräutermix

Die Zusammenstellung der Kräuter für „Frankfurter grüne Sauce" ist recht genau festgelegt, Dill z. B. gehört nicht dazu. Doch mit etwas Abstand von Frankfurt sieht man die grüne Saucenvielfalt in ganz Europa, mit unterschiedlichen Mischungen. Welche Kräuter Sie verwenden, sollte davon abhängen, was gerade wächst – Hauptsache, sie sind frisch.

FRANKFURTER SALAT
mit Schnitzelchen

Die Varianten

Frankfurter grüne Sauce
Die Salatsauce, wie oben beschrieben, zubereiten, dabei alle Mengen verdoppeln – außer den Kräutern. Buttermilch durch Sauerrahm ersetzen. Die Kräuter sehr fein hacken und mit der Sauce mischen. Zu gekochtem Rindfleisch oder Spargel und Salzkartoffeln servieren.

Frankfurter Salsa verde
Für die mediterrane Zubereitung alle Milchprodukte weglassen: 1 Bund Kräuter für „grüne Sauce" grob hacken. Mit 1 EL geriebenem Meerrettich, 1 EL gemahlenen Haselnüssen, 2 EL Estragonessig und 125 ml Nuss- oder kalt gepresstem Rapsöl fein pürieren, mit Salz und Pfeffer abschmecken. Wer es noch feiner mag, röstet ein paar Haselnüsse, reibt die Haut in einem Küchentuch ab und zerkleinert die Nüsse zusammen mit den Kräutern.

Zutaten für 4 Portionen

500 g kleine festkochende Kartoffeln
Salz
4 Eier
8 dünne Scheiben Kalbsrücken oder -tafelspitz (je ca. 60 g)
Pfeffer aus der Mühle
3 EL Mehl
4 EL Weißbrotbrösel
1 TL scharfer Senf
1 TL Weißweinessig
4 EL Rapsöl
4 EL Buttermilch
2 Bund Kräuter für „grüne Sauce" (Schnittlauch, Petersilie, Kresse, Dill, Kerbel, Borretsch, Sauerampfer, Pimpernell)
2 EL Butterschmalz

Zeitbedarf
▪ 35 Minuten +
  35 Minuten garen

So geht's

1. Kartoffeln waschen, in einem Topf mit Wasser bedecken, salzen und zugedeckt 15–20 Minuten gar kochen. Wasser abgießen, Kartoffeln etwas abkühlen lassen und pellen. 2 Eier in kochendem Wasser 10 Minuten hart kochen und mit kaltem Wasser abschrecken.

2. Die Fleischscheiben mit Salz und Pfeffer würzen. Die restlichen Eier in einem tiefen Teller verquirlen. Mehl und Brotbrösel ebenfalls in tiefe Teller geben. Schnitzel erst in Mehl, dann im Ei und zuletzt in den Brotbröseln wenden. Die gekochten Eier halbieren, das Eigelb herausholen und mit einer Gabel zerdrücken. Das Eiweiß fein hacken. Senf, Essig, Öl und Buttermilch verrühren und mit den Eigelben vermengen [→a], abschmecken. Kräuter waschen und trocken schleudern. Stiele entfernen, große Blättchen kleiner zupfen, Schnittlauch in Röllchen schneiden.

3. Die Schnitzel mit Butterschmalz in einer großen Pfanne bei mittlerer Hitze 2 Minuten auf jeder Seite braten. Schnitzel aus der Pfanne nehmen und auf Küchenpapier abtropfen lassen. Die Kartoffeln 1 Minute in dem heißen Fett schwenken und mit den Schnitzeln auf Teller verteilen. Kräuter mit der Sauce marinieren [→b], mit Kartoffeln und Schnitzelchen anrichten, mit gehacktem Eiweiß bestreuen.

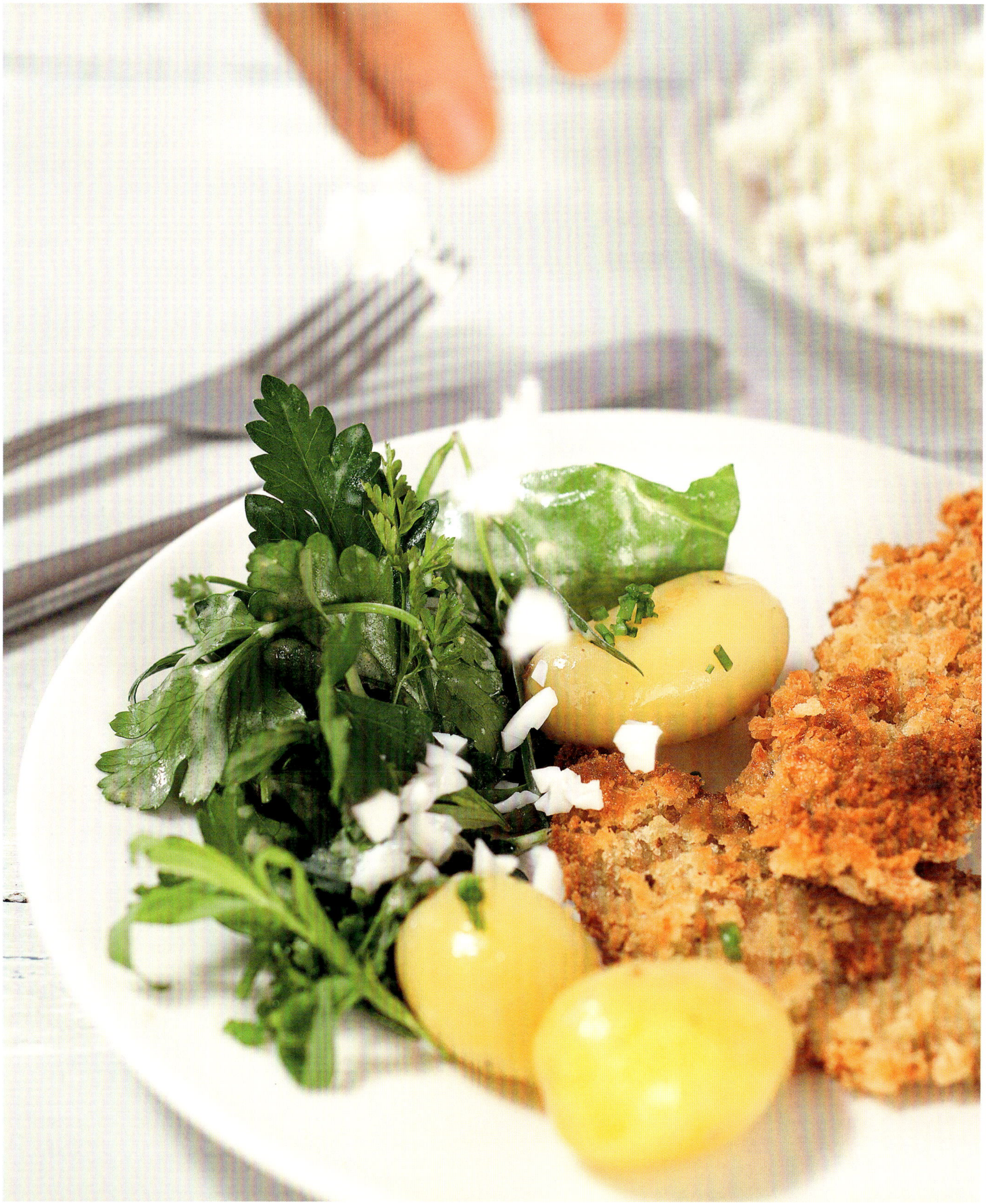

[a]

[b]

DAS IST *wirklich* WICHTIG

[a] **DIE SALATSAUCE** am besten mit einem Schneebesen sehr gut verrühren, damit die Eigelbe cremig püriert werden.

[b] **DEN KRÄUTERSALAT** erst im allerletzten Moment mit der Sauce vermischen, damit der Salat schön knackig bleibt und nicht durch das Gewicht der Sauce zusammenfällt.

DAS IST
wirklich WICHTIG

·····································

[a] BROTBRÖSEL, selbst gemacht aus trockenem Brot, schmecken viel besser als Paniermehl. Sie dürfen ruhig ungleichmäßig groß zerkleinert sein.

[b]

[c]

[b] PANIEREN Die Tomatenscheiben nur locker in den Bröseln wenden, ohne zu drücken. Dabei werden die Ränder der Scheiben zwar nicht immer komplett mit Panade überzogen, sie wird dafür aber besonders locker.

[c] ANRICHTEN Servieren Sie die Tomatenscheiben sofort, wenn sie aus der Pfanne kommen, die Hitze lässt die Mozzarella-Scheiben dann noch leicht anschmelzen.

Basilikum

Das Kraut ist empfindlich, im Herbst oder Winter kann ein kalter Luftzug der Pflanze den Garaus machen. Und wenn man Basilikum hackt oder schneidet, wird das Kraut im Handumdrehen schwarz. Deshalb sollte man die Blättchen lieber reißen als schneiden, dabei werden viel weniger Zellen zerstört und damit tritt auch weniger Zellsaft aus, der sich an der Luft zersetzen kann.

GEBACKENE TOMATEN
mit Mozzarella

Zutaten für 4 Portionen

1 Topf Basilikum

100 g Brotbrösel

Salz, Pfeffer aus der Mühle

4 reife, aber feste Fleischtomaten

100 g Mehl

3 Eier

5 EL Olivenöl

500 g Mozzarella

Zeitbedarf
- 20 Minuten +
  5 Minuten garen

So geht's

1. Die Basilikumblättchen abzupfen. Ein paar Blättchen für die Garnitur beiseitelegen. Den Rest mit Brotbröseln [→a] in einer Küchenmaschine mixen, leicht salzen und pfeffern.

2. Tomaten in 1 cm dicke Scheiben schneiden. Basilikumbrösel, Mehl und Eier in 3 tiefe Teller geben. Die Eier mit einer Gabel verquirlen. Die Tomatenscheiben erst in Mehl, dann in den Eiern und zum Schluss in den Basilikumbröseln wenden [→b].

3. Die panierten Tomatenscheiben in einer beschichteten Pfanne mit 3–4 EL Olivenöl 4–5 Minuten ausbacken, dabei einmal wenden. Anschließend auf Küchenpapier abtropfen lassen.

4. Den Mozzarella in Scheiben schneiden, mit den Tomaten anrichten, mit dem restlichen Olivenöl beträufeln, mit Salz und Pfeffer würzen [→c]. Mit Basilikumblättchen garnieren.

Die Varianten

Gebackene Gemüsestiele
500 g Stangensellerie oder breite Mangoldstiele in 10 cm lange Stücke schneiden, 5 Minuten kochen. Das Gemüse in ein Sieb abgießen, abschrecken. Mit einem Küchentuch trocken tupfen und wie beschrieben panieren und ausbacken. Mit Mozzarella, rohen Tomatenscheiben und Basilikumblättchen anrichten.

Dreierlei Tomaten
Basilikum-Tomaten backen, mit halbierten Kirschtomaten und schnellem Tomatenketchup servieren. Dafür 500 g Tomaten würfeln, 2 Knoblauchzehen schälen und mit 1 Chilischote hacken. 20 Minuten dick einkochen. Pürieren, mit 1 TL Zucker, einer Prise Salz und ein paar Tropfen Essig abschmecken. Dazu passt Mozzarella.

Dill

Wer schon einmal selber Gurken eingelegt hat, kennt die großen gelben Blütendolden. Sie sind noch aromatischer als Dillspitzen, aber teilweise auch schon verholzt, deshalb eignen sie sich vor allem für Gerichte, bei denen sie später nicht mitgegessen werden. Neben den Einmach-Klassikern lohnt es sich deshalb auch, Saucen, Suppen und Fonds mit Dillblüten zu würzen.

OFENZANDER
mit Honig-Senf-Marinade

Die Varianten

Knusprige Hähnchenbrust
4 Hähnchenbrustfilets würzen und auf der Hautseite bei schwacher bis mittlerer Hitze mit 1 EL Öl 12 Minuten braten. Wenden, 3 Minuten fertig garen, kurz ruhen lassen. In Scheiben schneiden, mit der Honig-Senf-Marinade beträufeln und mit Bratkartoffeln servieren.

Zander-Carpaccio
Für ein schnelles Carpaccio etwa 300 g Zanderfilet mit einem scharfen Messer in dünne Scheiben schneiden – beim Fischhändler Zander für Carpaccio verlangen, damit er auch wirklich alle Gräten entfernt. Das Zanderfilet auf 4 Teller verteilen. ½ TL Kümmel fein hacken oder im Mörser zerstoßen und über den Fisch streuen. Mit Salz und Pfeffer würzen, mit 1–2 TL Zitronensaft und 4 EL Olivenöl beträufeln. Den Dill grob hacken und über das Carpaccio streuen.

Zutaten für 4 Portionen

800 g Kartoffeln

600 g Zanderfilet

6 EL Rapsöl

Salz, Pfeffer aus der Mühle

Für die Marinade

1 Bund Dill

1 EL scharfer Senf (z. B. Dijon-Senf)

2 EL Honig

2 EL Weißweinessig

Zeitbedarf
- 15 Minuten + 20 Minuten garen

So geht's

1. Die Kartoffeln waschen, schälen und in Stücke schneiden. Die Kartoffeln dämpfen oder in Salzwasser kochen. Backofen auf 120 °C Umluft vorheizen. Das Zanderfilet in 5 mm dünne Scheiben schneiden [→a]. Ein Ofenblech mit 2 EL Rapsöl bepinseln. Die Zanderscheiben auf dem Blech verteilen, mit 2 EL Öl einstreichen und mit Salz und Pfeffer würzen. Den Fisch im Ofen auf der mittleren Schiene 5 Minuten garen.

2. In der Zwischenzeit den Dill grob hacken und mit Senf, Honig, Essig, dem restlichen Öl und 2 EL Wasser fein mixen [→b]. Mit Salz und Pfeffer abschmecken.

3. Die Kartoffeln abgießen und im Topf mit einer Gabel oder einem Kartoffelstampfer sehr grob pürieren. Den Zander aus dem Ofen nehmen und auf Teller verteilen [→c]. Die Filets mit der Marinade beträufeln und mit den Stampfkartoffeln anrichten, die sich jeder selbst auf dem Teller mit etwas Marinade mischen kann.

Dazu passt Blattsalat sehr gut.

SO SCHMECKT'S AUCH Alle einheimischen Süßwasserfische eignen sich für dieses Rezept. Dünne Filets von Fischen wie Forelle oder Saibling einfach im Ganzen (ohne Haut) garen. Auch Lachs und Lachsforelle schmecken sehr gut in dieser kalt-warmen Kombination.

DAS IST *wirklich* WICHTIG

[a] **DAS ZANDERFILET** vorsichtig mit einem scharfen Messer schräg in 5 mm dünne Scheiben schneiden.

[b] **DEN DILL** grob schneiden, bevor er in den Mixbecher kommt, damit beim Pürieren keine langen Fasern bleiben.

[c] **ANRICHTEN** Da die Fischscheiben leicht brechen, unbedingt mit einer Palette, am besten einer Winkelpalette, vorsichtig vom Blech nehmen.

[a]

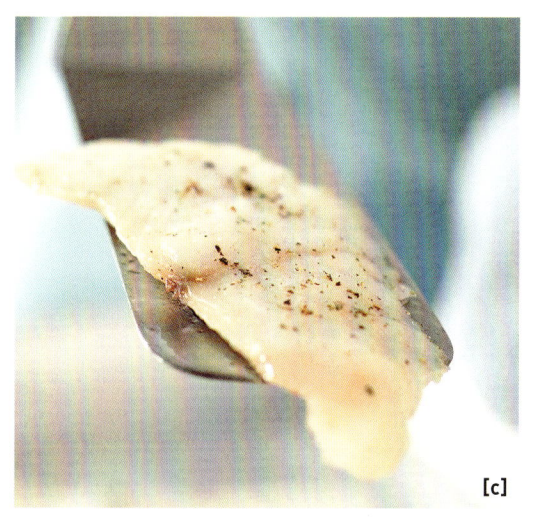

[b]

[c]

[a]

[b]

DAS IST *wirklich* WICHTIG

[a] **DIE GEWÜRZE** lassen sich am besten in einem großen Mörser oder in einer Gewürzmühle fein mahlen, bevor sie mit der Paste vermischt werden.

[b] **DIE GARNELEN** sehr heiß braten, damit sie außen schnell Röststoffe bilden können und innen saftig bleiben.

Minze

Wie Oregano, so ist auch Minze eines der wenigen Kräuter mit weichen Blättern, die sich gut trocknen lassen. Am besten bündeln und an einem luftigen Platz ohne direkte Sonneneinstrahlung einige Tage lang aufhängen. In der Küche ist das frische Minzaroma ein idealer Gegenspieler für erdige Gewürze, wie sie in der orientalischen und indischen Küche häufig vorkommen.

GARNELENPFANNE
mit Chermoula

Zutaten für 4 Portionen

Für das Minz-Chermoula

1 Zwiebel

3 Knoblauchzehen

½ Bund Minze

2–3 EL Zitronensaft

2 TL Zucker

3 EL Paprikapulver (edelsüß oder mit Cayennepfeffer gemischt)

3 EL Koriandersamen

1 TL schwarze Pfefferkörner

2 TL Kreuzkümmel, 1 TL Salz

Für die Garnelenpfanne

1 Aubergine

2 Zucchini

4 EL Olivenöl

500 g rohe Riesengarnelen

Zeitbedarf
- 20 Minuten +
  10 Minuten garen +
  60 Minuten ruhen

So geht's

1. Zwiebel und Knoblauch schälen und beides würfeln. Minzeblättchen abzupfen und hacken. Die vorbereiteten Zutaten mit Zitronensaft und Zucker in einem Blitzhacker zu einer Paste pürieren. Die Gewürze mit Salz fein mahlen [→a]. Gewürze und Paste mischen und zugedeckt ca. 1 Stunde ziehen lassen.

2. Aubergine und Zucchini waschen und in 1 cm große Würfel schneiden. In einer Pfanne 2 EL Olivenöl erhitzen und die Garnelen darin 3–4 Minuten braten [→b], dann herausnehmen. Das restliche Olivenöl in die Pfanne geben und Auberginen- und Zucchiniwürfel darin 5 Minuten braten, dabei ab und zu umrühren. Chermoula und 2 EL Wasser dazugeben und gut durchschwenken. Zum Schluss die Garnelen noch mal in die Pfanne geben, untermischen und kurz erhitzen.

Dazu passen Fladenbrot oder Reis sehr gut.

SO SCHMECKT'S AUCH Ohne Knoblauch und Zwiebeln, dafür mit 6 EL Olivenöl und einem zusätzlichen Bund Koriander vermischt, hält sich die Paste einige Tage im Kühlschrank.

Die Varianten

Minz-Hummus
1 Dose Kichererbsen auf ein Sieb abgießen und unter kaltem Wasser abspülen. Die Kichererbsen dann mit 4 EL Olivenöl und Chermoula pürieren.

Grillmarinade
Chermoula wird oft als Grillmarinade verwendet: Dafür Hähnchenteile, Rind- oder Lammfleischwürfel oder -streifen mit Chermoula mischen, einige Stunden im Kühlschrank ziehen lassen und dann bei mittlerer Hitze indirekt grillen, damit keine Marinade in die Glut tropft und verbrennt; also entweder im Ofen, in einem Kuppelgrill oder auf einem Grill mit Grillplatte garen.

Estragon

Er überlebt den Winter meist sogar in einem Blumentopf auf dem Fensterbrett und treibt zuverlässig aus, sobald Frühling in der Luft liegt. Die Pflanze liebt Sonne, ihr Geschmack hängt aber vor allem von der Sorte ab: Französischer und deutscher Estragon duften sehr intensiv und übertreffen den russischen Estragon deutlich an Aroma und Würzkraft.

RAHMHÄHNCHEN
mit Zwiebeln & Pilzen

Die Varianten

Estragonhähnchen mit Tomaten
Beim Zerteilen des Hähnchens Flügel und Rückgrat abschneiden und mit einer Prise Salz, Pfeffer und einer halbierten Zwiebel in 45 Minuten eine einfache Brühe kochen (für die aufwändigere Version siehe Seite 27). Die Hähnchenteile, wie beschrieben, mit Zwiebeln und Pilzen anbraten, 250 g Kirschtomaten zugeben. Mit Weißwein und 250 ml Brühe ablöschen und dann im Ofen schmoren.

Estragonessig
Estragon in einem Einmachglas mit Weißweinessig bedecken. Mit einem säurebeständigen Gewicht (z. B. aus Glas) beschweren, 2–3 Wochen kühl und dunkel ziehen lassen. Estragonessig durch ein Tuch gießen oder während des Verbrauchs immer wieder nachfüllen, sodass keine Kräuterteile aus dem Essig ragen.

Zutaten für 4 Portionen

1 Hähnchen (ca. 1,5 kg)

Salz, Pfeffer aus der Mühle

3 Zwiebeln

2 Knoblauchzehen

500 g Pilze (z. B. Pfifferlinge, Kräuterseitlinge, Steinpilze, Champignons)

3 EL Butter

1 Bund Estragon

250 ml Weißwein

250 ml Sahne

Zeitbedarf
- 35 Minuten +
  45 Minuten garen

So geht's

1. Das Hähnchen in 8 Stücke zerteilen [→a und →b] und von allen Seiten mit Salz und Pfeffer würzen. Zwiebeln und Knoblauch abziehen und fein würfeln. Pilze mit einem Küchenpapier putzen und die Stielenden abschneiden. Kleine Pilze ganz lassen, große vierteln oder in Scheiben schneiden.

2. Den Backofen auf 180 °C (Umluft 160 °C) vorheizen. Butter in einem schweren Bräter erhitzen. Die Hähnchenteile bei geringer bis mittlerer Hitze 10 Minuten auf der Hautseite braten. Zwiebeln und Knoblauch zugeben und weitere 5 Minuten braten. Ab und zu die Zwiebeln umrühren. Die Bruststücke aus dem Bräter nehmen, dafür die Pilze zugeben und 5 Minuten braten.

3. Estragonblättchen von den Stängeln streifen und grob hacken. Die Pilzmischung mit Weißwein ablöschen, um die Hälfte einkochen lassen und mit Sahne aufgießen. Estragon zugeben. Die Bruststücke mit der Hautseite nach oben wieder auf das Gemüse legen.

4. Den Bräter auf der untersten Schiene in den Ofen schieben und 30 Minuten garen. Bräter aus dem Ofen nehmen und die Sauce mit Salz und Pfeffer abschmecken. Die Hähnchenteile mit Sauce auf Tellern anrichten.

Dazu passen knuspriges Baguette oder Bratkartoffeln.

DAS IST *wirklich* WICHTIG

[a] DAS HÄHNCHEN mit einer Geflügel-schere oder mit einem großen scharfen Messer entlang des Brustbeins halbieren.

[b] HÄHNCHENHÄLFTEN zwischen Brust und Keule durchtrennen. Alle Stücke noch einmal halbieren, bei den Keulen versu-chen, dabei das Gelenk zu treffen. Die Flügel im Ellenbogengelenk abschneiden.

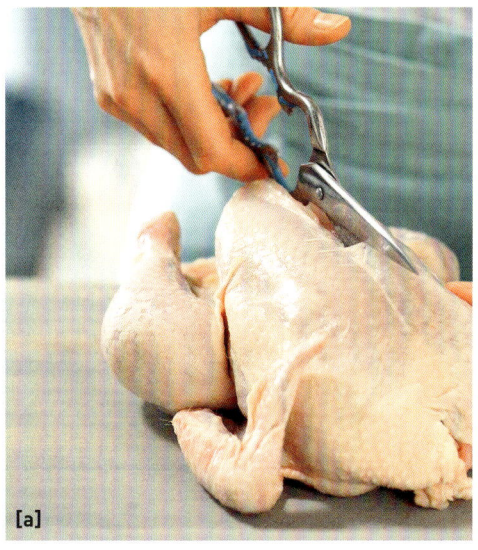

[a]

Petersilie und Sellerieblättchen

Zusammen sind sie kaum zu schlagen, Petersilie liefert den harmonischen Grundgeschmack, Sellerie wirkt wie ein natürlicher Geschmacksverstärker. Seine Aromastoffe ähneln denen von Liebstöckel, aber milder. Interessant sind Selleriesamen für Suppen oder Gemüse. Geröstet, z. B. auf Bauernbrot oder für Panch Phoron (siehe Seite 47), entwickeln sie würziges Nussaroma.

SPARGEL-SPAGHETTI
mit Frühlingswiesensauce

Die Variante

Frühlingsfrikassee
Aus 1 ganzen Huhn eine Brühe kochen (siehe Seite 27). Das Huhn etwas abkühlen lassen, die Haut entfernen und das Fleisch von den Knochen lösen. 500 g Frühlingsgemüse (Möhrchen, Spargel, Kohlrabi, Radieschen oder Rettich, Frühlingszwiebeln, Maimorcheln o. Ä.) putzen und in mundgerechte Stücke schneiden. Mit etwa 500 ml Brühe aufkochen, das Fleisch zugeben. Mit einigen Löffeln Frühlingswiesenpaste würzen. Nach Belieben kann man einen Teil der Brühe durch Sahne ersetzen. Dazu passen Salzkartoffeln, Kartoffelpüree oder Reis.

Zutaten für 4 Portionen

250 g junge Zwiebeln

4 junge Knoblauchzehen

1 Jalapeño-Chili

250 g Stangensellerie mit Grün

je ½ TL Salz und Zucker

10 g getrocknete Pilze (z. B. Steinpilze)

½ TL schwarzer Pfeffer

1 TL Senfkörner

1 EL Koriandersamen

1 TL Dillsamen

125 ml Rapsöl

1 Bund Petersilie

4 Stängel Zitronenmelisse

2 EL Kräuteressig

250 g Spargel

400 g Spaghetti

Zeitbedarf
- 20 Minuten +
  30 Minuten ruhen +
  30 Minuten garen

So geht's

1. Zwiebeln und Knoblauch schälen und in Scheiben schneiden. Chili in Ringe schneiden. Sellerie waschen, die Blättchen abzupfen, die Stiele ebenfalls in Scheiben schneiden. Das Gemüse mit Salz und Zucker mischen, dabei leicht drücken und 30 Minuten ziehen lassen [→a].

2. Pilze, Pfeffer, Senfkörner, Koriander- und Dillsamen in einer Gewürzmühle pulverisieren (im Blitzhacker geht es auch, dann aber Senfmehl und gemahlenen Pfeffer verwenden).

3. Das Gemüse mit 3 EL Öl in einem Topf mit Deckel bei schwacher Hitze 20 Minuten weich dünsten. Petersilien- und Melisseblättchen zupfen und mit den Sellerieblättchen grob hacken. Mit Gemüse und Gewürzmischung im Blitzhacker oder Universalzerkleinerer fein pürieren, dabei den Essig und das restliche Öl zugeben [→b].

4. Den Spargel schälen, Enden abschneiden, Spargelstangen längs vierteln oder mit einem Sparschäler in dünne Streifen schneiden. Spaghetti in reichlich Salzwasser nach Packungsanweisung bissfest kochen, 4–5 Minuten vor Ende der Garzeit, je nach Dicke der Streifen, den Spargel zugeben. Mit den Nudeln abgießen, tropfnass zurück in den Topf geben, die Hälfte der Wiesenpaste zugeben, durchschwenken und anrichten [→c].

[b] GEMÜSE-KRÄUTER-PASTE Das Gemüse mit den Kräutern so lange pürieren, bis die Kräuter die Paste schön grün färben. Danach schnell abkühlen. Die restliche Paste, die nicht für die Spaghetti benötigt wird, in ein Glas füllen, mit Öl bedecken und im Kühlschrank 1–2 Wochen aufbewahren.

DAS IST *wirklich* WICHTIG

[a] MARINIEREN Während das Gemüse mit Salz und Zucker mariniert wird, tritt Wasser aus und damit kann das Gemüse ohne zusätzliche Flüssigkeit sehr gut dünsten.

[c] SERVIEREN Nudelnester lassen sich ganz einfach herstellen, indem man die Pasta mit einer Fleischgabel aufrollt und auf den Teller legt.

[c]

PESTO & CO
feine Gewürzsaucen

DIESE CREMIGEN AROMABOMBEN VEREINT IHRE ANWENDUNG,
AUCH WENN JEDE GANZ BESONDERS GUT MIT BESTIMMTEN
GERICHTEN HARMONIERT – BASILIKUMPESTO Z. B. MIT PASTA,
KORIANDERCHUTNEY MIT CURRY UND PAKORA. DOCH SIE ALLE
PASSEN ALS DIP, BROTAUFSTRICH UND MARINADE ZU SOMMER-
LICHEN GRILLFESTEN, ZU STEAKS UND SPIESSCHEN, VOR ALLEM
ABER AUCH ZU GEGRILLTEN KARTOFFELN UND GEMÜSE.

BASILIKUMPESTO

1 Knoblauchzehe abziehen und grob hacken. Die Blättchen von 3 Bund Basilikum abzupfen und mit ½ TL Salz, dem Knoblauch und 125 ml Olivenöl in einem Blitzhacker zu einer cremigen Sauce pürieren. 2 EL Pinienkerne und 50 g geriebenen Parmesan untermixen. In ein Glas füllen, glatt streichen und mit etwas Olivenöl bedecken. Luftdicht verschlossen 1–2 Wochen im Kühlschrank haltbar.

Die einfachste Anwendung für dieses traditionell ligurische Pesto genovese sind Nudelsaucen: Dafür 400 g Linguine nach Packungsangabe bissfest kochen. Pesto mit 100 ml Nudelwasser verrühren. Die Nudeln auf ein Sieb abgießen, abtropfen lassen und wieder in den Nudeltopf geben. Mit Pesto mischen, aufkochen und sofort servieren. Eventuell noch ein paar Butterflocken unter die fertigen Nudeln geben. Eine gute Ergänzung sind auch längs halbierte, gekochte grüne Bohnen.

PERILLAPESTO

Perilla ist ein rötliches Kraut, das vor allem in der vietnamesischen Küche verwendet wird. Der Geschmack ist sehr angenehm: frisch und gleichzeitig weihnachtlich nach Zimt und Nelken. Für ein Pesto 3 EL Macadamia-Nüsse grob hacken und mit 4 EL Öl in einer Pfanne 2–3 Minuten goldbraun braten. Nüsse mit Öl in eine Schüssel umfüllen und abkühlen lassen. Die Blätter von 1 Bund Perillakraut (im Asialaden, im Bioladen als Shisokresse, davon 3–4 Schachteln verwenden) abzupfen und grob hacken. Eine Bio-Limette heiß waschen, abtrocknen, die Schale fein abreiben und den Saft auspressen. 2 cm Ingwerwurzel schälen und grob hacken. Die vorbereiteten Zutaten mit ½ TL Chiliflocken und 1 TL Zucker fein pürieren. Die Sauce mit 1–2 EL Fischsauce oder einer Prise Salz abschmecken. Hält sich 2–3 Tage im Kühlschrank.

Passt als Dip zu Glücksrollen (siehe Seite 23), Frühlingsrollen oder für Grillgerichte.

KORIANDERCHUTNEY

Die Blättchen von 2 Bund Koriander grob hacken. Falls der Koriander Wurzeln hat, diese gründlich waschen und ebenfalls hacken (Korianderwurzeln geben manchen asiatischen Gerichten einen besonders authentischen Charakter). 1 Knoblauchzehe schälen und grob hacken. 2 milde rote Peperoni längs halbieren. Dabei Stielansatz und Kerne entfernen. Die Peperonihälften grob zerkleinern. Die vorbereiteten Zutaten mit 2 EL Essig und 4 EL Öl cremig pürieren. Stielansätze von 3 Strauchtomaten entfernen. Die Tomaten kreuzförmig einritzen und mit kochendem Wasser 30 Sekunden überbrühen. Abschrecken, die Haut abziehen. Tomaten grob würfeln und unter die Koriandercreme mischen, mit Salz abschmecken. Hält sich 2–3 Tage im Kühlschrank. Frische Chutneys, wie diese Variante mit Koriander, gehören in Afghanistan, Pakistan oder Nordindien auf jeden Tisch. Dort würden die Peperoni allerdings durch eine Handvoll scharfe Chilis ersetzt. Ein Löffel Korianderchutney würzt Wokgerichte, Reis, Linsen, Couscous oder Kartoffeln, passt aber auch sehr gut zu Fleisch und Fisch. Zum Beispiel ganz einfach Schweine- oder Lammkoteletts grillen oder braten und mit Chutney und Reis servieren.

SALSA VERDE

Die Blättchen von 2 Bund Petersilie abzupfen, grob hacken und mit 1 EL Kapern, 4 eingelegten Sardellenfilets, 2 EL Weißweinessig und 125 ml Olivenöl fein pürieren. 1 Bund Schnittlauch fein schneiden und mit 3 EL Brotbröseln unter die Sauce mischen. Salsa verde mit Salz und Pfeffer abschmecken, einige Minuten ziehen lassen. Für eine pikante Salsa zusätzlich 1–2 Jalapeñoschoten entkernen, grob zerkleinern und mit den anderen Zutaten pürieren. Klassisch ist die Verwendung von Salsa verde als Begleitung von gekochtem Fleisch mit etwas Brühe, Wurzelgemüse und Salzkartoffeln. Und zu Gerichten, zu denen man in Süddeutschland und Österreich normalerweise Meerrettich reichen würde.

SALBEI-SALSA

2 Knoblauchzehen abziehen und grob hacken. 3 EL Walnüsse (oder Pinienkerne) ebenfalls grob hacken, anschließend in einer Pfanne ohne Fett rösten, bis sie duften. Den Knoblauch zugeben, umrühren und vom Herd nehmen. Die Blättchen von 1 Bund Salbei zupfen. 2 milde rote Peperoni entkernen und mit dem Salbei grob hacken. Die Schale einer Bio-Orange hauchdünn abschälen, den Saft auspressen. Alle vorbereiteten Zutaten mit 2 TL scharfem Senf im Blitzhacker cremig pürieren, dabei nach und nach 100 g Frischkäse oder Ziegenfrischkäse und 100 ml Sonnenblumenöl zugeben, mit Salz und Pfeffer abschmecken. Die Salsa gehört zum sommerlichen BBQ, also zu gegrillten Schweine-, Lamm- oder Rindersteaks, zu Forellen oder Doraden aus dem Klappgrillgitter und zu Kartoffeln und gegrilltem Gemüse wie Zucchini, Auberginen oder Paprikaschoten.

[a]

[b]

DAS IST *wirklich* WICHTIG

[a] TOMATEN SCHMOREN Vor dem Ablöschen sollen die Tomaten an der Grenze zum Braten sein, denn sie karamellisieren dann leicht und schwimmen nicht mehr in Flüssigkeit.

[b] DIE KAPERN im richtigen Moment aus der Pfanne heben: Sie sind dann knusprig gebraten, aber noch leicht grün.

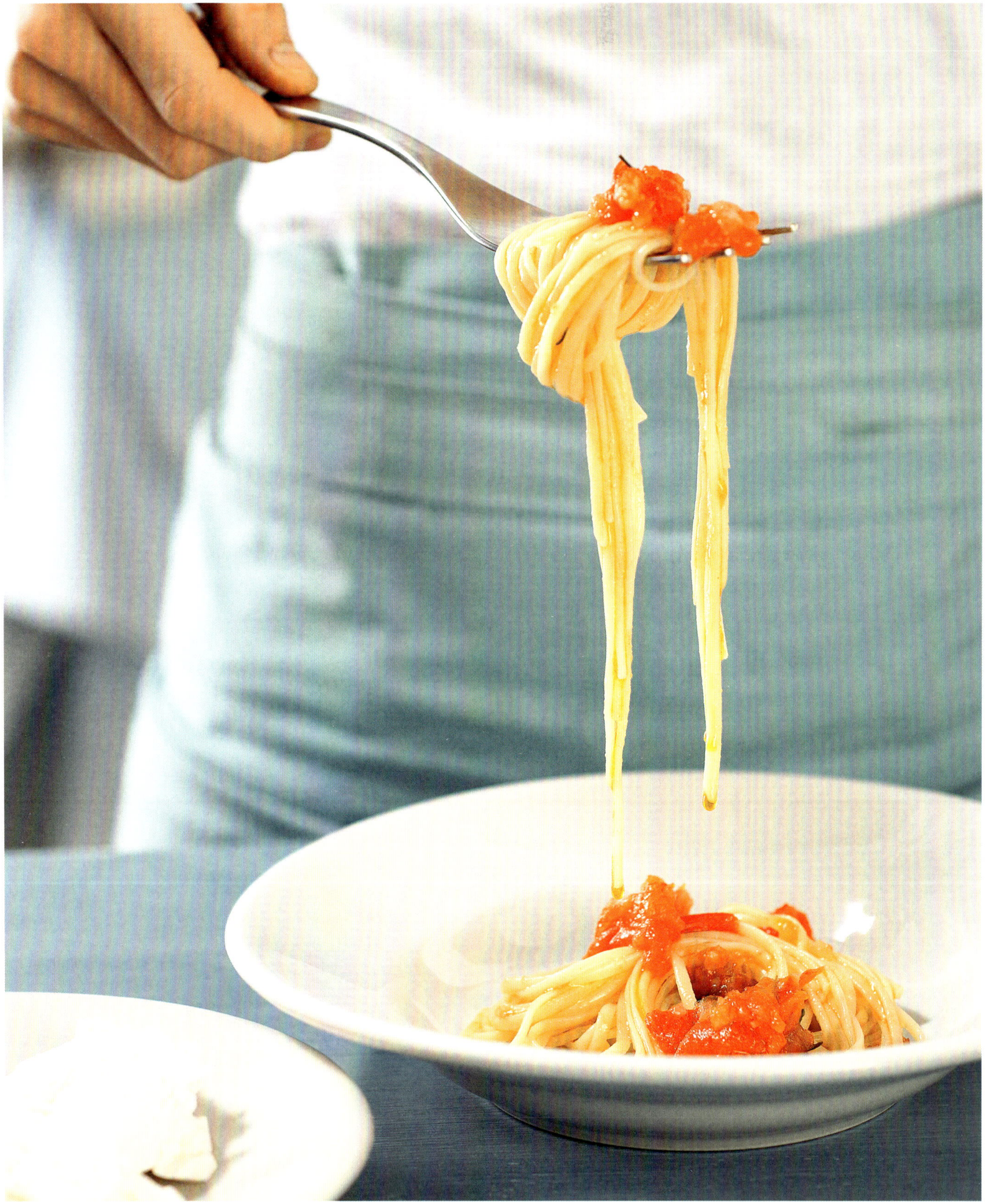

Kapern

Das Wort hat die gleichen Wurzeln wie „capra", italienisch für Ziege, und das ist kein Zufall: Intensives Kapernaroma erinnert, sehr entfernt, an Ziegengeruch. Kein Wunder also, wenn empfindliche Kindernasen erst einmal wenig damit anfangen können. Hat man sich aber an den Geschmack gewöhnt, wird er unverzichtbar für viele Gerichte mit Tomaten, Huhn oder Mayonnaise.

NUDELN MIT SCHMORTOMATEN
und Knusper-Kapern

Zutaten für 4 Portionen

600 g Tomaten

1 Zwiebel

1 Knoblauchzehe

1 Rosmarinzweig

6 EL Olivenöl

1 TL Zucker

6 EL Weißwein

3 EL Kapern (in Lake)

1 Lorbeerblatt

Salz, Pfeffer aus der Mühle

400 g Linguine

100 g Ricotta

Zeitbedarf
- 20 Minuten +
  30 Minuten garen

So geht's

1. Die Tomaten in kochendem Wasser kurz überbrühen, kalt abschrecken und abziehen. (Wer sich nicht an Tomatenhaut in der Sauce stört, kann sich diesen Arbeitsschritt auch sparen). Tomaten vierteln und grob zerkleinern, dabei die Stielansätze und Kerne entfernen. Zwiebel und Knoblauch schälen und fein würfeln. Rosmarin grob zerzupfen. Die vorbereiteten Zutaten mit 2 EL Olivenöl und 1 TL Zucker 5 Minuten schmoren. Mit Weißwein und der Einlegeflüssigkeit der Kapern ablöschen, Lorbeer zugeben, mit Salz und Pfeffer würzen. Tomaten bei mittlerer Hitze zugedeckt 5 Minuten schmoren, dann den Deckel abnehmen und 10 Minuten einkochen lassen [→a].

2. In der Zwischenzeit die Nudeln nach Packungsangabe bissfest kochen. Kapern trocken tupfen und mit dem restlichen Olivenöl in einem kleinen Topf bei großer Hitze 30 Sekunden bis 1 Minute knusprig braten [→b]. Mit einem Sieblöffel aus dem Öl nehmen, auf Küchenpapier abtropfen lassen, das Kapernöl aufbewahren.

3. Die Nudeln auf ein Sieb abgießen, mit den Schmortomaten mischen und auf Teller verteilen. Ricotta über die Nudeln bröseln, mit Kapern bestreuen und mit Kapernöl beträufeln.

Die Variante

Königsberger Klopse
2 trockene Semmeln entrinden, fein schneiden, in Milch einweichen, nach 20 Minuten ausdrücken. 1 sehr klein gewürfelte Zwiebel dünsten, gehackte Blättchen von 1 Bund Petersilie zugeben. Mit Brot, 500 g Kalbshackfleisch und einem Ei verkneten. Mit 2 gehackten Sardellen und 1 Prise geriebener Zitronenschale würzen. Walnussgroße Bällchen formen, in wenig Brühe knapp unter dem Siedepunkt 10 Minuten gar ziehen lassen, herausnehmen. Die Brühe auf 300 ml einkochen, mit 200 ml Sahne und 2–3 EL Kapern aufkochen, abschmecken. Eventuell mit Eigelb, nie mit Mehl, binden. Dafür 4 EL von der Sahne abnehmen, mit Eigelb verquirlen und unter Rühren in die heiße Sauce gießen. Die Klopse in der Sauce erhitzen, aber nicht mehr kochen.

ERDIG
& orientalisch

GEWÜRZE MIT HARZIGEN AROMEN UND DEM DUFT NACH WALD UND RINDE SPENDEN WÄRME UND SIND UNSCHLAGBAR VOR ALLEM FÜR SUPPEN UND EINTÖPFE. SIE VERWANDELN ESSEN IN „COMFORT FOOD".

KARDAMOM

KARDAMOM

Auch ein Spross der verzweigten Ingwerfamilie. Doch hier liegt der Geschmack nicht unter, sondern über der Erde, in knapp 2 cm großen Samenkapseln. Schonend getrocknete Kapseln sind blassgrün. Ihre Samen duften sehr stark, fruchtig-schwer und leicht scharf – also vorsichtig dosieren. In indischen Küchen werden Kardamomkapseln für Schmorsaucen oft nur leicht gequetscht. Für kurze Garzeiten die Samen lieber aus den Kapseln holen und mörsern. Kardamom ist bekannt als Gewürz für Kaffee, Curry und Weihnachtsgebäck. Er passt aber auch zu Reis, Mango, Lychee oder Lassi und in Joghurtsaucen. Schwarze Kardamomkapseln gehören zu einer anderen Sorte, sie werden über einem Feuer getrocknet und würzen mit ihrem rauchigen Aroma zum Beispiel die vietnamesische Nationalsuppe Pho (siehe Seite 74).

GEWÜRZNELKEN

Eigentlich müssten sie in Wasser treiben wie ganz kleine Baumstämme, denn so sehen sie auch aus. Tatsächlich liegen aber nur manche Nelken flach auf dem Wasser und zwar die, die wenig Nelkenöl und damit wenig Geschmack enthalten. Gute Nelken stehen in Wasser: Die runde Knospe enthält etwas Luft und wirkt so wie ein Schwimmflügelchen. Der Nelkenstiel enthält Nelkenöl, das schwerer ist als Wasser und deshalb den Nelkenstiel nach unten zieht.
Am leichtesten lassen sich Nelken im Ganzen dosieren, so kann man das Gewürz wieder entfernen, sobald das Gericht stark genug danach schmeckt. In Brühen und Ragouts verwendet man zu diesem Zweck oft ein Stück Zwiebel oder Orangenschale, an die mit zwei oder drei Nelken ein Lorbeerblatt „genagelt" wird. Aus der Ähnlichkeit mit kleinen Nägeln entwickelte sich übrigens das Wort „Nelke" – die gleichnamige Blume hat nichts mit Gewürznelken zu tun. Nelken sind kein Sologewürz, doch sie setzen wichtige Akzente in Gewürzmischungen für Lebkuchen und Gebäck, aber auch für Terrinen und Wurstwaren. Ein gutes Beispiel dafür ist das französische „quatre épices" (siehe Seite 13).

KÜMMEL

Solange die Deutschen noch „Krauts" waren, würzte Kümmel ihr tägliches Brot, das Sauerkraut und den Schweinebraten. Heute hat er ein wenig an Bedeutung verloren. Schade eigentlich, denn Kümmel ist eines der wenigen Gewürze, dessen beste Sorten nicht in weit entfernten tropischen Ländern wachsen, sondern hier in Europa. Besonders würzig schmecken zweijährige „Winterkümmel"-Sorten zum Beispiel aus Deutschland oder aus Finnland.
In Mittel- und Nordeuropa finden wir deshalb besonders viele Spezialitäten auf Kümmelbasis, vom Aquavit über Harzer Käse bis zum Knäckebrot mit Kümmel. Ganz typisch ist der verdauungsfördernde Kümmel für sehr viele Kohlgerichte und für rustikale Kartoffelzubereitungen wie Bratkartoffeln oder Pellkartoffeln.

KREUZKÜMMEL

Die alten Ägypter „würzten" damit ihre Mumien, der Prophet Jesaja schrieb über seinen Anbau und in den folgenden zwei Jahrtausenden verbreitete Kreuzkümmel sich in alle warmen Regionen der Welt. Denn Wärme liebt der schnellwüchsige Doldenblütler. Kreuzkümmel oder Kumin wird in Übersetzungen häufig mit seinem Verwandten Kümmel verwechselt. Doch kann man zwar Kümmel gut durch Kreuzkümmel ersetzen, aber nicht umgekehrt, weil echter Kümmel noch viel dominanter schmeckt. Unterscheiden lassen sich die beiden ganz leicht an ihrer Form: Kreuzkümmelsamen haben jeweils einen kleinen Faden an einem Ende, außerdem sind sie fast gerade, Kümmelsamen sichelförmig. Kreuzkümmel gehört in fast alle Currys aus dem indischen Raum (Thaicurrys sind anders aufgebaut), viele orientalische Gerichte werden damit gewürzt. In Amerika gehört Kreuzkümmel unbedingt in Guacamole und Chili con Carne.

PIMENT

Kolumbus entdeckte auf den Antillen einen wertvollen Baum, dessen Beeren an Pfefferkörner erinnern, aber glatter und etwas größer sind. Piment schmeckt nach Pfeffer, Zimt, Muskat und Nelken. Das waren die vier wichtigsten Gewürze der damaligen Zeit. Kolumbus nannte seine Entdeckung „Pimienta", denn das spanische Wort für Pfeffer war schon bekannt. Im Deutschen hieß es auch Nelkenpfeffer oder Allgewürz, blieb schließlich aber bei Piment. Traditionell gehört Piment in europäische Schmorgewürze und in Gewürzmischungen zum Einlegen von sauren Gurken, Kürbis oder Roten Beten. Auch in ursprünglich karibischen Grillmarinaden und mexikanischen „Mole"-Saucen kommt häufig Piment vor.

STERNANIS

Acht Zacken hat der Anisstern. Jede seiner 8 Kammern enthält einen glatt-glänzenden rehbraunen Samen. Die getrocknete Frucht eines chinesischen Gebirgsbaumes gehört damit zu den besonders dekorativen Gewürzen – ein Grund, warum Sternanis oft im Ganzen verwendet wird. Der andere: Sternanissamen enthalten nur wenig vom typisch süßen Lakritz-Anis-Geschmack, die Samenhülle muss man also unbedingt mitkochen. In der Kombination mit reichlich Sojasauce bildet Sternanis die Basis für einige chinesische oder nordvietnamesische Schmorgerichte. Als Pulver ist Sternanis ein wichtiger Teil der chinesischen 5-Gewürze-Mischung (siehe Seite 13). Er passt gut zu fruchtigem Glühwein und zu Konfitüre und Kompott – die sollten Sie allerdings nicht zu lange lagern, da das Sternanisaroma in der Obstzubereitung nach einigen Monaten beginnt muffig zu schmecken.

WACHOLDER

Ganz anders als die verwandte Zypresse ist Wacholder stachelig, unregelmäßig, gedrungen. Doch wo er heute noch wild wächst, findet man immer beeindruckende Wacholder-Heide-Landschaften. In Deutschland unter anderem im bayerischen Naturpark Altmühltal oder im Biosphärenreservat Schwäbische Alb. Gehandelt werden aber fast ausschließlich Beeren aus mediterranen Gebieten, das Angebot ist dort einfach größer. Die sogenannten „Beeren" sind übrigens in Wirklichkeit kleine Zapfen. Wacholder passt zu Wildgerichten, Schmorbraten und Kohl, auch Gin wird mit dem Gewürz aromatisiert. In Frucht-Chutneys ist Wacholder ungewöhnlich, schmeckt aber sehr gut.

Sternanis

Für die meisten Zubereitungen sollten Sie Sternanis vorsichtig dosieren, 1–2 Sterne reichen für 4 Portionen völlig aus. In gemahlener Form eher Messerspitzen als Teelöffel verwenden. Nur in der Kombination mit Zwiebeln oder Lauch schmeckt das Gewürz auch in starken Dosen fantastisch. Wenn dann noch Geflügelbrühe dazukommt, sind drei Traumpartner beisammen.

HÜHNERSUPPE
auf chinesische Art

Die Varianten

Vietnamesische Hühnersuppe
Zusätzlich 2 schwarze Kardamomkapseln, 5 Nelken und ¼ Zimtstange mit in der Brühe kochen. Chinesische Nudeln durch Reisnudeln ersetzen, gekochte Nudeln mit rohen Sojasprossen in Schalen verteilen und mit heißer Suppe begießen. Mit Chiliringen in Soja- oder Fischsauce, Limettenstücken und mit ganzen Kräuterstielen von Koriander, Thaibasilikum oder Perilla servieren. So kann sich jeder seine Suppe selber verfeinern. Gegessen wird abwechselnd mit Stäbchen und Suppenlöffeln.

„Schinken"-Tofu
4 EL Öl mit 2 Anissternen in einer Pfanne erhitzen. 1 Tofustück (400 g) in 1 cm dicke Scheiben schneiden, salzen und ca. 4 Minuten braten. Durch den Sternanis entwickelt der Tofu ein Aroma, das an Schinken erinnert.

Zutaten für 4–6 Portionen

2 Zwiebeln

6 cm Ingwerwurzel

4 Knoblauchzehen

125 ml Sojasauce

6–8 Anissterne

Salz

1 Hähnchen (ca. 1,2 kg)

1 Lauchstange

200 g chinesische Mie-Nudeln

1 Bund asiatischer Schnittlauch (Alternativen: Schnittknoblauch oder Schnittlauch)

schwarzer Pfeffer

Zeitbedarf
▪ 25 Minuten +
  ca. 2 Stunden garen

So geht's

1. Die Zwiebeln ungeschält halbieren und in einem Topf mit der Schnittfläche nach unten 15 Minuten rösten, bis sie fast schwarz sind [→a]. Ingwerwurzel und Knoblauch mit einem Fleischklopfer oder dem Boden einer Stielkasserolle leicht quetschen. Mit in den Topf geben, mit Sojasauce, 1,5 l Wasser und dem Sternanis aufkochen, leicht salzen. Das Hähnchen in den Fond legen, aufkochen und knapp unter dem Siedepunkt 90 Minuten gar ziehen lassen. Aufsteigenden Schaum mit einem Sieblöffel abschöpfen.

2. Das Hähnchen aus der Brühe nehmen und abkühlen lassen. Die Haut entfernen, das Fleisch von den Knochen lösen und zerkleinern [→b]. Die Brühe durch ein feines Sieb abgießen [→c]. Lauch putzen und waschen, dabei Wurzeln und welke Blätter entfernen. Den Lauch in feine Ringe schneiden. Die Nudeln nach Packungsangabe bissfest kochen.

3. Die Hühnerbrühe mit Lauch und Hähnchenfleisch aufkochen, die Herdplatte ausschalten. Die Suppe 5 Minuten ziehen lassen, abschmecken. Schnittlauch in feine Röllchen schneiden. Nudeln auf ein Sieb abgießen und in Suppenschälchen verteilen. Mit Hühnersuppe aufgießen, mit Schnittlauch bestreuen. Reichlich schwarzen Pfeffer über die Suppe mahlen.

[a]

[b]

DAS IST
wirklich
WICHTIG

[a] **ZWIEBELHÄLFTEN** mit Schale so lange rösten, bis sie sehr dunkel sind, das gibt der Brühe Röstgeschmack und eine schöne dunkle Farbe.

[b] **HÜHNERFLEISCH** lässt sich am besten mit den Fingern in kleine mundgerechte Stücke zupfen.

[c] **ANISSTERNE** beim Abgießen der Brühe aus dem Sieb nehmen und später in die Suppenschälchen verteilen.

DAS IST
wirklich WICHTIG

[a] GURKENKERNE lassen sich am besten mit einem Teelöffel entfernen. Für Gurkendips wie Raita und Tsatsiki die geraspelten Gurken einige Minuten einsalzen und dann fest ausdrücken – so kommt wenig Wasser ins Joghurt und der Dip wird schön cremig.

[b] KARDAMOMKAPSELN im Mörser leicht quetschen, dabei brechen die Kapseln auf und man kann die Samen leicht herausnehmen.

[a]

[b]

DIE TOMATEN ERST KURZ VOR ENDE DER GARZEIT ZUGEBEN.

Ein großer Teil der Welt-Kardamom-Ernte wird nicht in Indien, sondern in skandinavischen Ländern verbraucht. Dort würzt man damit Blaubeerkompott und viele Backwaren, in Norwegen sogar einen Käse – den Brunost oder Braunkäse. Nicht skandinavisch, aber auch sehr gut schmeckt Kardamom auf gebratenem Schweinefleisch mit Fenchelgemüse.

LINSEN-BOHNEN-DAL
mit Gurken-Raita

Zutaten für 4 Portionen

100 g schwarze Linsen

100 g geschälte Mungbohnen

100 g rote Linsen

1 Salatgurke

300 g Joghurt (3,5 %)

1 TL gemahlener Kreuzkümmel

2 Zwiebeln, 2 Knoblauchzehen

3 cm Ingwerwurzel (30 g)

2 EL Butterschmalz

1 TL Kardamomsamen

1 EL Kurkumapulver

1 EL Garam Masala

½ TL Chiliflocken oder -pulver

400 g gewürfelte Tomaten

Salz

1 Bund Petersilie

Zeitbedarf

- 20 Minuten +
  70 Minuten garen +
  12 Stunden einweichen

So geht's

1. Die schwarzen Linsen und die Mungbohnen in kaltem Wasser über Nacht einweichen.

2. Das Wasser abgießen, die Hülsenfrüchte mit 1 l frischem Wasser aufkochen und bei geringer Hitze 50–60 Minuten bissfest kochen, bei Bedarf noch etwas Wasser zugeben. Die roten Linsen dazugeben, 10 Minuten zusammen garen.

3. Für das Raita die Gurke schälen und längs halbieren, die Kerne entfernen [→a]. Gurkenhälften raspeln, salzen und 10 Minuten ziehen lassen. Danach in einem Küchentuch fest auspressen und mit Joghurt und Kreuzkümmel verrühren.

4. Zwiebeln, Knoblauch und Ingwer schälen und in dünne Scheiben schneiden. Zwiebeln mit Butterschmalz bei mittlerer Hitze 5 Minuten braten. Kardamomsamen im Mörser quetschen (oder hacken) [→b]. Knoblauch, Ingwer, Kardamom, Kurkuma, Garam Masala und Chiliflocken zu den Zwiebeln geben, 30 Sekunden rühren. Tomaten zugeben, bei mittlerer Hitze 10 Minuten kochen lassen, kräftig salzen.

5. Die Linsen mit den Tomaten mischen. 10 Minuten kochen lassen, bis die roten Linsen beginnen zu zerfallen, abschmecken. Petersilienblättchen abzupfen und grob hacken – Linsen-Dal mit dem Pürierstab nur ganz kurz pürieren, mit Gurken-Raita anrichten, mit Petersilie bestreuen und servieren.

Die Varianten

Joghurtdip mit Kardamom
1–2 grüne Peperoni oder Jalapeño-Chilischoten halbieren, dabei Stielansatz und Kerne entfernen. 2 Knoblauchzehen schälen, mit Peperoni grob hacken. 1 TL Kardamomsamen in einer Pfanne ohne Fett rösten, bis sie duften. Peperoni und Knoblauch zugeben, umrühren und vom Herd nehmen. Blättchen von 1 Bund Petersilie zupfen, grob hacken. Alle Zutaten mit 1 kräftigen Prise Salz im Mörser zerreiben. Mit Joghurt verrühren und abschmecken. Zu Dal, gekochtem Gemüse, Grillgerichten oder Fondue servieren.

Schnelles Linsen-Dal
Nur rote Linsen verwenden und ohne Einweichen direkt in der Tomatensauce kochen, dabei etwa 1 l Wasser oder Brühe zugeben.

Kümmel

Brotbäcker benutzen Kümmel oft in Verbindung mit Roggenmehl für rustikale Teige. Dabei harmoniert der herbe Kümmel perfekt mit den Aromen von Roggen- und Sauerteig. Gleichzeitig unterstützt er aber auch hier die Verdauung: Brote oder Brötchen mit Kümmel kann man, obwohl ja ganz frisches Brot als schwer verdaulich gilt, auch ofenfrisch genießen.

ROSENKOHL
mit Kassler

Die Variante

Schweinebraten
Ofen auf 220 °C (Umluft 200 °C) vorheizen. Bräter oder tiefes Ofenblech auf die zweitunterste Schiene stellen, 250 ml kochendes Wasser in das Blech gießen. 1,5 kg Schweinebraten aus der Schulter mit der Schwarte nach unten ins kochende Wasser legen und ca. 20 Minuten „dämpfen". 1 Bund Suppengrün und 3 Zwiebeln putzen und in grobe Stücke schneiden. Den Braten herausnehmen, Temperatur auf 190 °C (Umluft 170 °C) reduzieren. Mit einem scharfen Messer Rauten in die Schwarte schneiden. Gemüse im Bräter verteilen, den Braten darauflegen und mit einer Mischung aus 2 EL Schmalz und 2 EL gehacktem Kümmel einreiben, kräftig salzen. Im Ofen etwa 2,5 Stunden braten. Dabei immer wieder mit Bier (ca. 500 ml) und ausgetretenem Bratenfett begießen.

Zutaten für 4 Portionen

2 Äpfel

2 Zwiebeln

600 g Rosenkohl

2 EL Schweine- oder Butterschmalz

Salz, Pfeffer

1 EL Kümmel

1 Lorbeerblatt

200 ml Weißwein

1 Kartoffel ca. 100 g

4 Scheiben Kassler, geräuchert und gekocht

600 g Petersilienwurzeln

2 EL Butter

1 Bund Petersilie

4 EL Sauerrahm

Zeitbedarf
- 10 Minuten +
  25 Minuten garen

So geht's

1. Die Äpfel und Zwiebeln schälen. Zwiebeln fein würfeln, Äpfel vierteln, Kerngehäuse entfernen und die Viertel in dünne Spalten schneiden. Den Rosenkohl putzen, die Röschen halbieren, dabei trockene Enden abschneiden **[→a]**.

2. Die Äpfel und die Hälfte der Zwiebeln mit Schmalz in einem Topf zugedeckt 5 Minuten dünsten. Mit Salz, Pfeffer und Kümmel würzen **[→b]**. Rosenkohl und Lorbeerblatt zugeben, mit Weißwein ablösen, aufkochen. Die Kartoffel schälen und fein reiben **[→c]**, ebenfalls zum Rosenkohl geben, mit Salz und Pfeffer würzen. Das Kassler auf das Gemüse legen und zugedeckt bei schwacher Hitze 20 Minuten kochen lassen.

3. Die Petersilienwurzeln schälen und in Scheiben schneiden, mit restlichen Zwiebeln und Butter 3 Minuten zugedeckt dünsten. Leicht salzen und pfeffern. 300 ml Wasser oder Sahne zugeben, zugedeckt 15 Minuten weich dünsten. In einem Blitzhacker oder mit dem Pürierstab fein pürieren.

4. Die Petersilie waschen und trocken schütteln, die Blättchen zupfen, hacken und mit Sauerrahm mischen, leicht salzen. Rosenkohl, Kassler und Petersilienwurzelpüree auf Teller verteilen und mit Sauerrahm garnieren.

[b] SALZEN Äpfel und Zwiebeln gleich zu Beginn des Dünstvorgangs salzen, damit reichlich Feuchtigkeit austritt und das Gemüse im eigenen Saft garen kann. Das gilt auch für Petersilienwurzeln und Zwiebeln.

[a]

DAS IST
wirklich
WICHTIG

[a] DIE ROSENKOHLSTRÜNKE mit einem Messer kreuzweise einschneiden, damit sie gleichzeitig mit den Blättern gar werden.

[c] BINDEN Durch die geriebene Kartoffel, die man mitkocht, wird der Fond sämig gebunden.

79

Kümmel

An Wegesrändern und Schotterflächen wächst Kümmel häufig wild. Er ist ein Doldenblütler wie Dill, Petersilie oder Fenchel. Doch sollte man ihn nicht selber sammeln, denn Schierling und Hundspetersilie sehen sehr ähnlich aus – und beide sind hochgiftig. Für den Anbau im Garten gibt es Sorten, deren Samen kaum ausfallen und dadurch leicht zu ernten sind.

KOMMUNISTENKÖRRI
mit Roter Bete & Kartoffeln

Die Varianten

Körri-Buletten
180 ml Milch lauwarm erhitzen, 100 g Weißbrot vom Vortag in dünne Scheiben schneiden und in der Milch einweichen. 1 Zwiebel und 2 Knoblauchzehen schälen, fein würfeln und in 1 EL Butter glasig dünsten. Weißbrot ausdrücken, mit 1 Ei, 600 g Hackfleisch, 1 EL scharfem Senf und der Zwiebel-Masse verkneten. Mit Salz und 1 EL Körripulver würzen. Kleine, Buletten formen und in Öl und Butter bei mittlerer Hitze auf jeder Seite 7–8 Minuten braten.

Körri-Pulver
Die Mengen der Gewürze nach Belieben vervielfachen. Die Gewürze rösten, im Mörser oder in einer Gewürzmühle fein mahlen, mit scharfem Paprikapulver mischen, in Gläschen kühl und dunkel lagern. Als Streugewürz für Fleisch- und Gemüsegerichte verwenden.

Zutaten für 4 Portionen

2 Zwiebeln

4 Knoblauchzehen

je 300 g Möhren, rote Bete, Kartoffeln

600 g Schweinenacken

2 EL Kümmel

2 TL schwarzer Pfeffer

2 EL Koriandersamen

2 TL Bockshornkleesamen

1 EL Selleriesamen

Salz, 1 TL Zucker

2 EL Schweineschmalz oder Öl

2–3 TL ungarisches Paprikapulver (rosenscharf)

0,33 l Bier

1 Bund gemischte Kräuter

4 EL saure Sahne (10 %)

Zeitbedarf
• 20 Minuten +
  50 Minuten garen

So geht's

1. Zwiebeln und Knoblauch schälen. Knoblauch grob hacken und beiseitestellen. Zwiebeln halbieren und in Streifen schneiden. Möhren, rote Bete und Kartoffeln schälen. Knapp 2 cm groß würfeln. Fleisch gut 2 cm groß würfeln. Die Gewürze in einer Pfanne ohne Fett rösten, bis sie duften. Kurz abkühlen lassen und dann mit ½ TL Salz, Zucker und dem Knoblauch in einem Mörser oder Blitzhacker zu einer möglichst feinen Paste zerstoßen.

2. Schmalz in einem Topf erhitzen. Gewürzpaste unter Rühren kurz anbraten. Fleisch zugeben und 5 Minuten mit den Gewürzen schmoren. Ab und zu umrühren. Paprikapulver zugeben. Einmal umrühren und mit einem Schuss Bier aufgießen. Halb zugedeckt bei mittlerer Hitze 25 Minuten kochen lassen. Das Gemüse und die Zwiebeln zugeben und 20 Minuten fertig garen. Immer wenn die Flüssigkeit verkocht ist, wieder etwas Bier – später Wasser – zugeben.

3. Die Kräuterblättchen abzupfen und hacken. Curry mit Salz abschmecken und in tiefe Teller verteilen. Mit Kräutern bestreuen und mit einem Klecks saurer Sahne garnieren. Mit kaltem Bier servieren.

SO SCHMECKT'S AUCH Etwa 150 g saure Gurken würfeln und kurz vor Ende der Garzeit zugeben, die Einlegeflüssigkeit auch mit zum Ablöschen verwenden.

Kreuzkümmel

Erdig, warm und leicht scharf wirkt sein Aroma: Kreuzkümmel ist vielleicht der deutlichste Vertreter für diese Geschmacksgruppe. Die Körner sind faserig, im Mörser werden sie deshalb mehr gequetscht als pulverisiert, wie Fenchelsamen. Für viele Gerichte spielt das keine große Rolle, wenn Sie die Körner jedoch wirklich fein zerkleinern wollen, Kreuzkümmel eher hacken.

KALBSRAGOUT
mit Paprika und Kichererbsen

Zutaten für 4 Portionen

3 rote Paprika

2 Zwiebeln

3 Knoblauchzehen

1 EL Kreuzkümmel

1 kg Kalbfleisch (Schulter oder Hals)

4 EL Olivenöl

250 ml Weißwein

Salz, Pfeffer

1 Dose Kichererbsen (440 g)

1 Bund Petersilie

Zeitbedarf
- 30 Minuten +
  80 Minuten garen

So geht's

1. Ofen auf 240 °C (Umluft 220 °C) vorheizen. Paprika halbieren, Stielansatz und Kerne entfernen. Die Hälften mit der Schnittfläche nach unten auf ein mit Backpapier ausgelegtes Blech legen, auf der mittleren Schiene 20–25 Minuten backen, bis die Haut beginnt schwarz zu werden. Mit einem feuchten Küchentuch abdecken, kurz abkühlen lassen und dann die Haut abziehen. Die Stücke in Streifen schneiden.

2. Zwiebeln und Knoblauch schälen. Knoblauch mit Kreuzkümmel hacken oder im Mörser zerreiben. Zwiebeln klein würfeln. Kalbfleisch in 3 cm große Stücke schneiden und in 2 Portionen teilen. Zuerst eine Portion mit 1 EL Olivenöl bei großer Hitze von allen Seiten 5 Minuten lang hellbraun anbraten. Fleisch aus der Pfanne nehmen und in einen Topf umfüllen. Zweite Portion auf die gleiche Weise anbraten. Restliches Öl in die Pfanne geben, die Zwiebeln ebenfalls hellbraun braten. Kreuzkümmel-Knoblauch-Mischung unterrühren, nach 30 Sekunden mit etwas Wein ablöschen und dann zum Fleisch in den Topf geben. Mit Salz und Pfeffer würzen, aufkochen. Die Flüssigkeit 2–3-mal fast vollständig einkochen lassen. Paprikastreifen mit dem Ragout mischen, knapp mit Wasser bedecken und zugedeckt bei geringer Hitze 45 Minuten schmoren.

3. Kichererbsen abgießen und mit Wasser abspülen. 10 Minuten vor Ende der Garzeit die Kichererbsen mit dem Ragout mischen. Petersilienblättchen abzupfen und grob hacken. Kalbsragout abschmecken, mit Petersilie bestreuen.

Die Variante

Orient-Ragout
Für ein besonders würziges Ragout das Kalbfleisch durch kräftigere Fleischsorten ersetzen, zum Beispiel Rinder- oder Lammschulter, auch Hirschschulter oder Keule eignen sich sehr gut. Die Garzeiten werden dadurch deutlich länger, also bei Bedarf immer wieder kleine Mengen Wasser zugeben. Knoblauch mit Kreuzkümmel hacken und dann mit 2 EL Sesam, 1 TL Piment und 1–2 getrockneten Chilischoten mörsern, ½ TL Zimt- und 1 Msp. Nelkenpulver zugeben und dann wie im Rezept beschrieben zu den Zwiebeln geben.

Kreuzkümmel

Dieser Gewürzpaste liefert Kreuzkümmel den Grundton, auf dem der gesamte Duftakkord aufbaut. Koriandersamen verbinden alle Aromen miteinander und Ofen-Auberginen dienen als Trägersubstanz für die Gewürzmischung.
Ein selbst gekochtes „Fertigprodukt", mit dem man Reis, Bratkartoffeln, gedünstetes Gemüse oder Ragouts schnell in orientalische Genüsse verwandelt.

MYSTIC BAZAAR
die Orientgewürzpaste

Die Varianten

Kartoffelgulasch
Der Inhalt eines Gläschens reicht aus, um bis zu 1 l Sauce, Ragout, Marinade oder Dip kräftig orientalisch abzuschmecken. Zum Beispiel 800 g Kartoffeln (oder auch gemischtes Gemüse) und 2 Zwiebeln würfeln, mit ein wenig Öl und 2–3 EL Mystic Bazaar anbraten. 500 ml Wasser zugeben, 15 Minuten gar kochen.

Gewürz-Dip
Frischkäse mit etwas Joghurt cremig rühren und mit Mystic Bazaar abschmecken. Passt als Aufstrich zu Weißbrot oder als Dip zu gegrilltem Fleisch und Fisch.

Zutaten für 500 g (4 Gläschen)

2 kg Auberginen
100 g getrocknete Aprikosen
60 g Sesam
25 g Salz
2 EL Kreuzkümmel
1 EL Koriander
1 EL Fenchelsamen
1 TL Pimentkörner
2 TL Sumach
1 TL schwarzer Pfeffer aus der Mühle
1 TL scharfes Paprikapulver
½ TL Zimt
½ TL Kardamom

Zeitbedarf
- 35 Minuten +
  120 Minuten garen

So geht's

1. Die Auberginen waschen und längs halbieren, die Schnittflächen in einem Abstand von 2 cm ca. 2 cm tief kreuzweise einschneiden. Auberginen auf einem Gitterrost 90 Minuten bei 180 °C Umluft garen. Dabei alle 25 Minuten den Ofen kurz öffnen, damit die Feuchtigkeit entweichen kann. Das Fruchtfleisch aus den Schalen nehmen und pürieren [→a]. Während die Auberginen garen, die Aprikosen mit 100 ml Wasser 5 Minuten kochen, vom Herd nehmen und ziehen lassen. Überschüssige Flüssigkeit abgießen. Früchte ebenfalls pürieren.

2. Sesamsaat mit Salz in einer Pfanne unter ständigem Rühren etwa 5 Minuten lang hellbraun rösten. Kreuzkümmel, Koriander, Fenchelsamen und Piment zugeben, nach 1 Minute vom Herd nehmen. Die pulverisierten Gewürze zugeben, umrühren und abkühlen lassen. Die Gewürzmischung fein zerkleinern [→b] und dann mit Auberginen, Aprikosen und Salz mischen.

3. Die Würzpaste in 4 kleine, heiß ausgespülte Schraubdeckelgläser füllen. In einen passenden Topf ein Geschirrtuch legen, die Gläser daraufstellen, mit Wasser gut bedecken, mit einem kleinen Teller beschweren und zum Kochen bringen. Sobald auch der Glasinhalt sichtbar kocht – es steigen dann kleine Bläschen auf – noch 20 Minuten sterilisieren [→c]. Gläser abkühlen lassen und kühl und dunkel lagern.

DAS IST *wirklich* WICHTIG

[a] AUBERGINEN Das Fruchtfleisch lässt sich ganz leicht mit einem Löffel aus der Schale lösen.

[b] DIE GEWÜRZE lassen sich in einem Mörser oder in einer speziellen Gewürz-mühle fein zerkleinern.

[c] STERILISIEREN Durch das Einkochen wird die Gewürzpaste ca. 6 Monate halt-bar gemacht.

[b]

[c]

DAS IST
wirklich
WICHTIG

[a]

[a] IM MÖRSER immer zuerst die trockenen Gewürze zerkleinern, dann Kräuter und Knoblauch zugeben und zuletzt mit den flüssigen Zutaten vermischen, bis sich eine homogene Paste bildet.

[b] BRATEN BESTREICHEN Die Pfanne mit dem goldbraun angebratenen Fleisch von der Herdplatte nehmen und kurz abkühlen lassen, damit die Marinade nicht verbrennt, sobald sie in die Pfanne tropft. Dann den Braten mit der Marinade bestreichen und in den Ofen schieben.

DEN BRATEN IMMER WIEDER MIT MARINADE BESTREICHEN.

[b]

Piment

Scharf, aber nicht nur, sondern auch ein wenig nach Weihnachten, nach Karibik und nach französischen Pasteten duftend: Piment ist ein sehr komplexes Gewürz, gleichzeitig aber unkompliziert in der Dosierung und einfach zu zerkleinern – ideal für eigene Würzexperimente. Versuchen Sie, Piment immer mal da einzusetzen, wo Sie sonst Pfeffer verwenden würden.

SCHWEINEBRATEN
mit karibischer Marinade

Zutaten für 4 Portionen

3 EL Pimentkörner

100 g brauner Zucker

2 Knoblauchzehen

½ Bund Thymian

1–2 getrocknete Chilischoten

1 EL Salz

3 EL Öl

1 kg Süßkartoffeln

1 kg Schweinehalsgrat

2 Limetten

Zeitbedarf

- 25 Minuten +
  100 Minuten garen und ruhen

So geht's

1. Pimentkörner in einer Pfanne ohne Fett rösten, bis sie beginnen zu duften. Zucker mit 3 EL Wasser sirupartig einkochen. Knoblauch schälen, Thymianblättchen abzupfen und mit dem Knoblauch grob hacken. Chilis grob zerbröseln, dabei den Stielansatz entfernen. Die Gewürze mit dem Zuckersirup, Salz und 1 EL Öl fein pürieren, entweder im Blitzhacker oder in einem Mörser [→a]. Süßkartoffeln schälen, längs vierteln und in fingerdicke Scheiben schneiden.

2. Den Backofen auf 180 °C (Umluft 160 °C) vorheizen. Den Braten in einer ofenfesten Pfanne oder einem kleinen Bräter bei mittlerer Hitze auf dem Herd von allen Seiten insgesamt ca. 12 Minuten goldbraun anbraten. Danach mit der Marinade bestreichen [→b] und im Ofen auf der untersten Schiene 75 Minuten garen. Dabei alle 30 Minuten wenden und mit Marinade bepinseln. Die Süßkartoffeln nach der Hälfte der Garzeit mit in die Pfanne geben.

3. Den Ofen ausschalten, die Tür öffnen und den Braten auf einem Teller oder Blech im Ofen noch etwa 10 Minuten ruhen lassen. Die Pfanne auf den Herd stellen, mit ca. 125 ml Wasser oder Orangensaft ablöschen, aufkochen, dabei den Bratensatz lösen. Das Fleisch in Scheiben schneiden und mit Süßkartoffeln und Limettenstücken servieren.

Dazu schmecken leichte, asiatische oder karibische Salate, ohne oder mit sehr wenig Öl angemacht, wie z. B. der Ananas-Salat (siehe Seite 98).

Die Variante

Karibische Fische
Die Marinade passt auch gut zu Hähnchenbrust oder Kaninchenkeulen. Mit Fischen oder Krustentieren harmoniert eine fruchtig-säuerliche Variante noch besser: 4 Knoblauchzehen und 1 Zwiebel schälen und fein würfeln. 2 EL Piment mit 1 TL Koriandersamen, 1 TL getrocknetem Oregano und 2 TL Pfeffer in einem Mörser oder in einer Gewürzmühle fein zerkleinern. Alle Zutaten mit 2 EL Öl 2 Minuten anbraten. 1 EL braunen Zucker zugeben und mit 2 EL Limettensaft und 6 EL Orangensaft aufgießen. Kurz aufkochen und wie oben beschrieben verwenden. Die Garzeit ist allerdings viel kürzer, für 1 kg Seeteufel beträgt sie z. B. 20 Minuten.

Wacholder

Wacholder ist das Gewürz mit dem deutlichsten Harzgeschmack, den wir so sehr mit Wildgewürzen assoziieren, dass wir Wildaroma und Wacholderaroma manchmal fast verwechseln. Vor allem, wenn Wacholder mit Thymian, Rotwein und Knoblauch kombiniert wird. Testen Sie es, bereiten Sie das Rezept mal mit Kalbsrückensteaks zu und lassen Sie dann Ihre Gäste blind verkosten.

WILDSCHWEINSTEAKS
mit Kürbispüree

Die Varianten

Gratinierte Wildschweinsteaks

Die Gewürzmischung mit 3 EL Brotbröseln und 1–2 EL Olivenöl mischen. Steaks nur mit Salz und Pfeffer würzen, von beiden Seiten je 2 Minuten braten, in eine Auflaufform legen, Wacholderbrösel auf dem Fleisch verteilen und unter dem Ofengrill ca. 2 Minuten überbacken.

Wacholito

Für eine Variante des klassischen Cocktails „Gimlet" 1 Bio-Limette heiß waschen, abtrocknen und achteln. Limettenachtel, 1 TL Wacholderbeeren und 2 TL braunen Zucker mit einem Holzstößel in einem Cocktailshaker zerstoßen. 4 cl Gin und 4 Eiswürfel zugeben. 30 Sekunden kräftig schütteln, in ein Glas abseihen.

Zutaten für 4 Portionen

3 Bio-Orangen

½ Bund Thymian

4 Knoblauchzehen

2 EL Wacholderbeeren

6 EL Kürbiskerne

8 kleine Wildschweinsteaks (je ca. 90 g aus Rücken, Keule oder Hals)

1 Hokkaidokürbis (ca. 1,2 kg)

2 Zwiebeln

4 EL kalte Butter

300 ml Kokosmilch

Salz, Pfeffer, Muskat

2 EL Öl

4 cl Gin

100 ml Rotwein

Zeitbedarf
- 30 Minuten +
  30 Minuten garen+
  1 Stunde kühlen

So geht's

1. Die Orangen heiß waschen und abtrocknen. Die Schale fein abreiben, den Saft von 1 Orange auspressen. Thymianblättchen zupfen. Knoblauch schälen und mit Wacholder, Kürbiskernen, Orangenschale und Thymian fein hacken. Die Steaks in der Gewürzmischung wenden, zudecken und 1 Stunde kalt stellen.

2. Den Kürbis halbieren, Kerne und Fasern entfernen [→a] – Hokkaidokürbisse muss man nicht schälen, die meisten anderen Sorten schon. Kürbishälften in Spalten schneiden, die Spalten würfeln. Zwiebeln schälen, ebenfalls würfeln. Beides mit 2 EL Butter 5 Minuten zugedeckt dünsten. Mit Kokosmilch aufgießen und bei mittlerer Hitze 15 Minuten weich kochen. Mit Salz, Pfeffer und Muskat abschmecken und pürieren. Das Püree warm stellen.

3. Die Steaks noch einmal in den Gewürzen wenden [→b], salzen und mit Öl in einer Pfanne bei mittlerer Hitze 5–6 Minuten braten, einmal wenden. Steaks aus der Pfanne nehmen und auf einem Teller kurz ruhen lassen. Bratensatz mit Gin, Rotwein und Orangensaft ablöschen, mit einem Holzlöffel lösen, um die Hälfte einkochen lassen. Den ausgetretenen Fleischsaft in die Pfanne geben. Restliche Butter unterrühren, nicht mehr kochen. Die Steaks mit dem Kürbispüree und der Sauce anrichten.

SO SCHMECKT'S AUCH Bekommt man kein Wildschwein, kann man das Rezept auch mit Schweinesteaks zubereiten.

[a]

DAS IST *wirklich* WICHTIG

....

[a] KÜRBISSE lassen sich ganz leicht mit einem Butterroller entkernen. Wer dieses Gerät, das dazu gedacht ist, Butterlocken zu formen, nicht hat, kann auch einen Esslöffel nehmen.

[b] GEWÜRZMISCHUNG Die Steaks sollen dick mit Gewürzen bedeckt sein, wenn sie in die Pfanne kommen. Wenn noch etwas von der Mischung übrig ist, die Steaks in der Pfanne damit bestreuen.

[b]

SCHMORGEWÜRZE
ideal für Fleischgerichte

SIE MÜSSEN LANGE GARZEITEN ÜBERSTEHEN, OFT AUCH GROSSE HITZE IN HEISSEM ÖL. SCHMORGEWÜR-
ZE TRETEN KAUM IN DEN VORDERGRUND, DAFÜR HEBEN SIE DEN GESCHMACK VON BRATEN UND RAGOUT.
SIE RUNDEN AROMEN AB UND GEBEN MÄCHTIGEN FLEISCH- UND ROTWEINSAUCEN DIE NÖTIGE FRISCHE.
DOCH STREUEN SIE DIESE BÜHNENARBEITER UNTER DEN GEWÜRZMISCHUNGEN DOCH AUCH EINMAL AUF
EIN STEAK, EINE GEBRATENE ARTISCHOCKE, EIN FRISCHKÄSEBROT – DANN WERDEN SIE ZUM STAR.

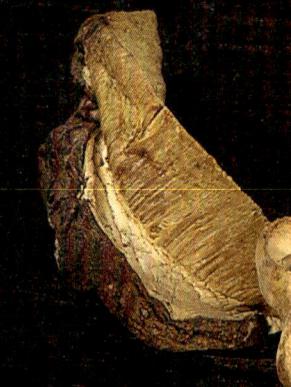

RAGOUTGEWÜRZ

2 EL Pinienkerne mit 2 EL Sesamsamen in einer Pfanne ohne Fett hellbraun rösten, herausnehmen und abkühlen lassen. 1 Bio-Zitrone heiß waschen, abtrocknen, die Schale fein abreiben. Die vorbereiteten Zutaten mit 2 TL Fenchelsamen, 1 TL getrocknetem Oregano, 1 EL getrockneten Pilzen und 1 TL Salz in einem Blitzhacker oder Mörser fein mahlen. Sie können die Mengen auch vervielfachen, für größere Mengen die Zitronenschale mit einem Sparschäler abschälen und im Ofen bei 80 °C Umluft oder in einem Dörrgerät trocknen und mit den Gewürzen fein mahlen. Kühl und dunkel in einem Schraubdeckelglas gelagert, ist das Gewürz mindestens 3 Monate haltbar. Für ein Ragout, z.B. ein Kalbsragout, 1 kg gewürfeltes Kalbfleisch in 2 EL Olivenöl von allen Seiten anbraten, 2 in dünne Scheiben geschnittene Zwiebeln zugeben, die Gewürzmischung und 1 EL Mehl unterrühren, 1 Minute anbraten und mit 125 ml Wein ablöschen. 400 ml Brühe und etwas Zitronensaft nach Geschmack zugeben, bei schwacher Hitze ca. 45 Minuten schmoren.

SCHMORBRATENGEWÜRZ

Die Nadeln von 3 Zweigen Rosmarin abzupfen und hacken. Mit 1 EL Fenchelsamen, 1 EL Korianderkörnern, 1 TL Selleriesamen, 1 TL Pfeffer und 1 TL gelben Senfkörnern in einer Gewürzmühle mahlen. Verwendet man einen Blitzhacker, den Pfeffer in einer Mühle mahlen und Senfmehl verwenden.

Das Gewürz wird vor dem Braten ins Fleisch einmassiert. Z.B. 1,2 kg Schweinehals mit Salz und der Gewürzmischung einreiben, in 2 EL Öl bei mittlerer Hitze in einem Schmortopf 10 Minuten von allen Seiten anbraten, 2 Zwiebeln, 4 Knoblauchzehen und 1 Fenchelknolle würfeln und kurz mit anbraten. Mit 200 ml Bier, Wein oder Brühe ablöschen und zugedeckt im Ofen 90 Minuten bei 180 °C (Umluft 160 °C) schmoren, dabei ab und zu etwas Flüssigkeit zugeben. Den Braten danach noch 10 Minuten bei ausgeschaltetem Ofen (die Ofentüre öffnen) ruhen lassen.

GREMOLATA

Je 1 Bio-Zitrone und 1 Bio-Orange heiß waschen, abtrocknen und die Schale fein abreiben. Die Blättchen von 1 Bund Petersilie abzupfen und fein hacken. 2 Knoblauchzehen schälen mit 1 TL Kreuzkümmel ebenfalls fein hacken und mit 1 EL Olivenöl bei mittlerer Hitze 3 Minuten dünsten (Kreuzkümmel gehört nicht in die traditionell-lombardische Variante, schmeckt darin aber sehr gut). Die Mischung abkühlen lassen und mit den Zitrusschalen und der Petersilie mischen. Gremolata wird über das fertig geschmorte Fleisch gestreut. Die Klassiker sind Ossobuco und Gulasch, genauso gut passt das Gewürz aber zu allen anderen Fleischragouts und Schmorbraten.

WILD- UND SAUERBRATENGEWÜRZ

1 EL schwarze Pfefferkörner, 1 EL Wacholderbeeren, 10 Pimentkörner, ½ TL Kardamomsamen, 4 Nelken, 1 Sternanis und 2 Lorbeerblätter mischen. Nach Belieben ¼ Zimtstange oder 8 Zimtblüten mit dazugeben. Für Marinaden und Saucen die Gewürze ganz lassen. Als Streugewürz für kurz gebratenes Wild Lorbeerblätter und Wacholderbeeren hacken, den Rest in einer Gewürzmühle schroten. Steaks und Schnitzel mit dem geschroteten Wildgewürz würzen und braten. Saucen damit abschmecken. Legt man z.B. Rehfleisch für ein Ragout ein, kann man das Gewürz für die Marinade verwenden: 250 ml Rotwein, 700 ml Wasser, 6 EL Rotweinessig, 400 g Zwiebelwürfel, 3 gewürfelte Knoblauchzehen, 200 g Lauch in Streifen, je 100 g gewürfelte Sellerie und Möhren mit etwas Wildgewürz mischen, 1,2 kg Rehfleisch (z.B. aus der Schulter) in Würfel schneiden, 5 Tage darin zugedeckt im Kühlschrank ziehen lassen. Herausnehmen, abtropfen lassen. Marinade auffangen und aufkochen, Schaum abschöpfen. Fleisch und Gemüse in einem Schmortopf in Öl bei großer Hitze anbraten, 1 EL Tomatenmark zugeben, mit 1 EL Mehl bestäuben. Mit heißer Marinade ablöschen, einkochen lassen. Einige Male wiederholen, dann 3 EL Johannisbeergelee zugeben, restliche Marinade angießen, ca. 40 Minuten schmoren. Fleisch herausnehmen, die Sauce durch ein Sieb gießen, das Gemüse dabei ausdrücken. Das Fleisch zurück in die Sauce geben.

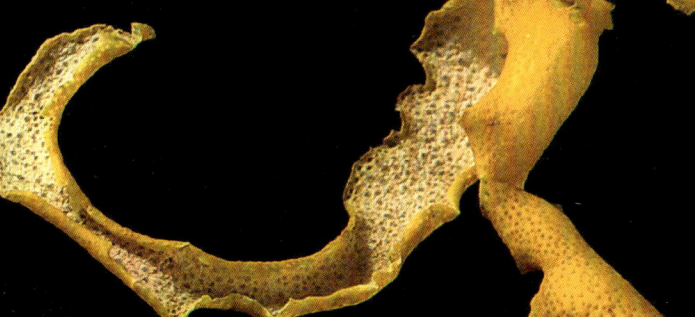

DAS IST *wirklich* WICHTIG

[a] SALBEIBLÄTTCHEN nicht waschen, damit das heiße Öl nicht spritzt, wenn es in Kontakt mit dem Salbei kommt. Die Blättchen sind fertig, wenn das matte Blattgrün glasig durchscheinend wird.

[b] DEN NUDELREIS im Salbeiöl so lange braten, bis er glasig ist. Das Öl gibt dem Reis einen besonderen, würzigen Geschmack.

SO GLASIG SOLL DER NUDELREIS SEIN.

Salbei

Die Blätter sind fleischig mit sehr intensivem Aroma und schmecken roh leicht bitter. Beim Rösten verfliegt die bittere Note jedoch, deshalb wird das Kraut z. B. für Saltimbocca oder Ravioli mit Salbeibutter immer geröstet. Am besten zuerst die Blätter in Olivenöl knusprig braten, herausnehmen und das Bratöl verwenden, um die restlichen Zutaten zu braten oder zu dünsten.

NUDELRISOTTO
mit Zucchini

Zutaten für 4 Portionen

1 Bund Salbei

2 Zwiebeln

2 Hähnchenkeulen

1 EL getrocknete Pilze, z. B. Steinpilze

Salz, Pfeffer

1 Knoblauchzehe

6 EL Olivenöl

400 g Nudelreis (Makarna- oder Kritharakinudeln)

500 g Zucchini

50 g geriebener Parmesan

Zeitbedarf
- 20 Minuten +
  1 Stunde garen

So geht's

1. Salbeiblättchen abzupfen. 1 Zwiebel mit Schale halbieren. Hähnchenkeulen mit Zwiebel, Salbeistängeln, Pilzen und 1,2 l Wasser aufkochen. Mit Salz und Pfeffer würzen. Bei schwacher Hitze 45 Minuten kochen, dabei den aufsteigenden Schaum mit einem Schaumlöffel entfernen. Die Brühe durch ein Sieb in eine Schüssel gießen. Die Hähnchenkeulen herausnehmen und abkühlen lassen.

2. Die Haut von den Keulen abziehen, das Fleisch mit den Fingern von den Knochen lösen. Größere Fleischstücke quer in Scheiben schneiden. Restliche Zwiebel und Knoblauch abziehen und fein würfeln. Olivenöl in einem kleinen Topf erhitzen. Salbeiblätter darin ca. 30 Sekunden knusprig braten [→a]. Die Blättchen mit einem Sieblöffel aus dem Öl heben und dann auf Küchenpapier abtropfen lassen.

3. Nudelreis mit Zwiebeln und Knoblauch in das heiße Salbeiöl rühren und 2 Minuten braten [→b]. Mit Hühnerbrühe (ca. 1 l) aufgießen und zugedeckt nach Packungsanweisung bei mittlerer Hitze ca. 10 Minuten bissfest kochen. Ab und zu umrühren, damit nichts anbrennt. Zucchini längs halbieren und quer in dünne Scheiben schneiden. Nach 6 Minuten Garzeit mit dem Nudelreis mischen. Am Ende der Garzeit den Nudelreis vom Herd nehmen, Hähnchenfleisch und Parmesan zugeben, unterrühren, mit Salz und Pfeffer abschmecken. Zugedeckt noch 1–2 Minuten ziehen lassen. Nudelrisotto auf Teller verteilen und mit knusprigen Salbeiblättchen garnieren.

Die Variante

Kräuterblättchen im Backteig

150 g Mehl mit 1 TL Zucker, einer Prise Salz, ½ Hefewürfel und 275 ml lauwarmem Wasser zu einem glatten Teig verrühren. Zugedeckt mindestens 20 Minuten gehen lassen, bis der Teig deutlich sichtbar gärt. Salbeiblättchen durch den Teig ziehen, kurz abtropfen lassen und in einer Pfanne mit ca. 6–8 EL heißem Öl 2–3 Minuten knusprig backen. Auf Küchenpapier abtropfen lassen, leicht salzen. Im gleichen Teig können Sie auch andere Kräuter ausbacken. Einzige Voraussetzung: die Blättchen dürfen nicht zu zart und klein sein. Gut geeignet sind z. B. Bleichselerieblättchen, kleinere Petersilienzweige oder Schnittlauchblüten.

Rosmarin und Thymian

Beide gelten als ganz charakteristische, Hitze liebende Mittelmeerkräuter. Das stimmt zwar, doch gibt es auch Rosmarinsorten, die Temperaturen von minus 20 Grad überstehen, und wilder Thymian wächst auf mancher Alm- wiese in den Alpen. In der Küche aber bleiben beide Symbole für sonnige Re- zepte, Thymian prägt zusätzlich Fonds und Brühen der französischen Küche.

LAMMSCHULTER
geschmort mit Gemüse

Die Variante

Kalbsbraten mit Spargel
Für einen feinen Frühsom- merbraten die Lammschul- ter durch einen Kalbstafel- spitz ersetzen (ca. 800– 1000 g). Die Möhren und Tomaten weglassen und durch die gleiche Menge Spargel ersetzen. Den Spar- gel schälen, bei grünem Spargel nur die Enden schä- len, dann schräg in 3–4 cm lange Stücke schneiden und nach 20 Minuten mit in den Bräter geben. 20 Minuten fertig garen, sodass die Spargelstücke leicht ge- bräunt, aber überwiegend gedünstet werden. Die Sauce schmeckt mit einem leichten Rotwein, noch besser mit einem kräftigen Riesling.

Zutaten für 4–6 Portionen

6 Rosmarinzweige

½ Bund Thymian

3 Knoblauchzehen

Salz, Pfeffer

1,2 kg Lammschulter ohne Knochen (vom Metzger auslösen lassen)

500 g Möhren

2 Zwiebeln

500 g Tomaten

3 EL Olivenöl

250 ml Rotwein

250 ml Brühe

1–2 EL kalte Butter

Zeitbedarf
- 30 Minuten +
  70 Minuten garen und ruhen

besonderes Werkzeug
- Küchengarn

So geht's

1. Backofen auf 180 °C (Umluft 160 °C) vorheizen. Kräuterblättchen abzupfen. Knoblauch schälen und mit den Kräutern fein hacken. Die Mischung kräftig mit Salz und Pfeffer würzen und das Lamm- fleisch von allen Seiten damit einreiben. Mit Küchengarn zu ei- nem Braten binden [→a]. Möhren und Zwiebeln schälen. Zwiebeln in Spalten schneiden, Möhren längs vierteln und in Scheiben schneiden. Tomaten vierteln, dabei den Stielansatz entfernen.

2. Lammbraten mit Olivenöl in einer ofenfesten Pfanne oder einem für die Herdplatte geeigneten Bräter von allen Seiten bei mittle- rer Hitze 10 Minuten anbraten. Möhren und Zwiebeln zum Lamm geben und in den Ofen schieben. Nach 10 Minuten Tomaten zuge- ben und mit wenig Rotwein ablöschen, fast vollständig einkochen lassen. Wiederholen, bis der Wein verbraucht ist, danach immer wieder etwas Brühe zugeben, bis auch diese verbraucht ist. Die Lammschulter insgesamt etwa 50 Minuten garen.

3. Den Bräter aus dem Ofen nehmen, den Ofen ausschalten, Lamm- schulter auf einen Teller oder ein Blech legen und im Ofen bei geöffneter Tür noch einige Minuten ruhen lassen. Währenddes- sen Schmorgemüse und Sauce in einen Topf umfüllen, evtl. etwas einkochen. Den Topf vom Herd nehmen, kalte Butter in Stück- chen schneiden und in die Sauce rühren. Mit Salz und Pfeffer ab- schmecken. Lammbraten in dünne Scheiben schneiden und mit dem Schmorgemüse anrichten.

Dazu passen einfache Kartoffelbeilagen wie z. B. Kartoffelgratin oder Kartoffelpüree (siehe Seite 19 und Seite 101).

DAS IST *wirklich* WICHTIG

[a] BRATEN BINDEN Die Lammschulter mit Küchengarn zu einem gleichmäßig dicken Braten binden. Dafür die erste Schlinge festknoten, eine zweite Schlinge über dem Braten formen, um ihre eigene Achse drehen und dann über den Braten legen, festziehen.

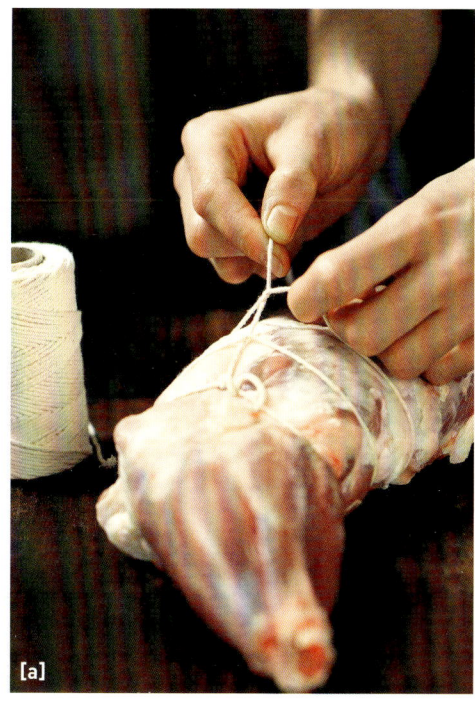

[a]

SCHARF

& feurig

DIE SUPERSTARS DER SCHARFEN KÜCHE HEISSEN CHILISCHOTE UND PFEFFERKORN. DOCH DIE KOLLEGEN MEERRETTICH, SENF ODER INGWER HEIZEN AUCH GANZ ORDENTLICH EIN.

Langpfeffer, Kubeben-pfeffer, Pfefferblatt

Alle drei gehören zur Pfefferfamilie. Langpfeffer kommt überwiegend aus Indonesien, seine langen Fruchtstände ähneln den Samenständen von Birken. Er schmeckt pfeffrig, warm und leicht süß. Kubeben- oder Stielpfeffer sind kleine Pfefferbeeren mit einem kurzen Stiel, ihr Geschmack ist bitterscharf. Das Gewürz wird vor allem in der nordafrikanischen Küche verwendet. Pfefferblätter stammen von einer Kletterpflanze, ebenfalls ein echtes Pfeffergewächs. Ihre etwa handtellergroßen Blätter eignen sich besonders gut, um darin kleine Snacks oder würzige Salate einzuwickeln. Roh schmecken die Blätter deutlich scharf. Für das vietnamesische Nationalgericht Bo La Lot (Bo heißt Rindfleisch, La Lot bedeutet Pfefferblatt, siehe Seite 110) kommt eine Hackfleischfüllung ins Pfefferblatt, auf dem Grill verschwindet dann ein Großteil der Schärfe.

Ingwer

Schon im „gingerbread", dem englischen Lebkuchen, zeigt sich das Ingwer-Paradoxon: Das Gewürz schmeckt zwar scharf, aber auch sehr fruchtig und eignet sich deshalb sehr gut, um damit Gebäck, Schokoladensauce, marinierte Früchte und Marmeladen zu aromatisieren. Umgekehrt würzt Ingwer sehr viele asiatische Gerichte aus der salzigen Küche, am allerbesten die mit eigenen Fruchtaromen – wie zum Beispiel den Ananas-Salat auf Seite 98. Neben dem gewöhnlichen ausgewachsenen Ingwer kommt immer häufiger auch heller junger Ingwer mit grünen Trieben in den Handel. Dünne Scheiben von jungem Ingwer schmecken zart und mild-scharf, fast wie ein Gemüse. Für Sushi-Ingwer die Scheiben überbrühen, abgießen, salzen. Zucker und Reisessig zu gleichen Teilen aufkochen, über den Ingwer gießen und ziehen lassen.

Pfeffer

Unterschiedliche Reifegrade bestimmen Farben und Aromen des echten Pfeffers, Piper nigrum. Für grünen Pfeffer werden die unreifen Beeren gesalzen, gesäuert oder gefriergetrocknet. Seit kurzem kommt grüner Pfeffer sogar ganz frisch per Luftfracht auf den Markt. Schwarzer Pfeffer wird kurz vor der Reife geerntet. Die Körner färben sich schwarz durch eine Fermentation, bei der sich auch das fruchtig-scharfe Pfefferaroma entwickelt. Für weißen Pfeffer werden die reifen Beeren geschält und fermentiert. Das Aroma weißen Pfeffers ist besonders ausgeprägt, weniger fruchtig und etwas schärfer als das von schwarzem Pfeffer. Wenn man reife Pfefferbeeren schonend im Schatten trocknet und nicht schält, entsteht roter Pfeffer. Er vereint die kühle Schärfe weißen Pfeffers mit fruchtigen Aromen aus der Pfefferschale. Besonders fein, besonders teuer und keinesfalls zu verwechseln mit rosa Pfeffer, der ein Gewürz aus der Sumachfamilie ist und nicht scharf schmeckt, sondern eher etwas nach Terpentin.

Chili

Habaneros wurden weltberühmt, ganz einfach weil sie lange Zeit als die schärfsten von allen galten. Vorher gab es nur regional bekannte Sorten: Peperoncini in Süditalien, Piments d'Espelette in Südfrankreich, Vogelaugenchilis in Thailand, Poblano-Chilis in Mexiko, um nur einige Beispiele zu nennen. Inzwischen bekommen Sie die meisten davon im Feinkosthandel und mit Glück noch einige mehr, wie die Criolla Sella mit einem Duft nach schwarzen Johannisbeeren oder gemäßigt scharf-fruchtige Jalapeño-Chilis. Diese Vielfalt ist wunderbar, birgt aber ein Problem: Die Dosierung ist schwierig. Deshalb entweder erst einmal vorsichtig dosieren oder auch für neue Rezepte Chilischoten verwenden, deren Schärfe Sie schon kennen und gut einschätzen können.

Senf

Weiße oder gelbe Senfkörner sind mild, im Gegensatz zu den scharfen braunen oder schwarzen Sorten. Süßer bayerischer oder milder amerikanischer Würstchensenf wird deshalb aus weißem Senf gemahlen. Scharfe Sorten aus Düsseldorf und Dijon oder englisches Senfpulver enthalten überwiegend braune Senfkörner – was man ihnen aber nicht ansieht, weil braune Senfkörner vor dem Mahlen geschält werden. Um die flüchtigen Senföle zu stabilisieren, muss man Senfmehl mit Essig mischen und dessen Säure mit Zucker ausgleichen. Ein paar Kräuter oder Gewürze dazu, ein paar Wochen reifen lassen und fertig ist der Senf. Im indischen Kulturkreis sind Senfpasten unüblich, dafür kommen geröstete braune Senfkörner in viele Curryzubereitungen. In Currys steuern sie vor allem Röstaromen bei, die Schärfe kommt hier eher von Chilis, manchmal von Pfeffer.

Knoblauch

Frischer Knoblauch schmeckt am besten. Zwar gibt es ihn ganzjährig zu kaufen, doch frisch oder frisch getrocknet duften die Zehen scharf und kräftig – später nur noch muffig und schwefelig. Wenn Knoblauch erst einmal in diesem beklagenswerten Zustand ist, hilft es nicht, den Keimling zu entfernen. Das empfehlen zwar viele Köche, aber dieser Keimling ist der einzige lebendige Teil der Knoblauchzehe – und es wäre sogar schade, ihn wegzuwerfen. Ein besonderer Genuss sind junge Knoblauchzehen im Frühling. Ganz einfach geschält, in Milch weich gekocht und dann in Olivenöl braun gebraten. Als Mini-Gemüsegarnitur schmecken sie gut zum Spiegelei, zu gebratenem Fleisch, Fisch oder gedünstetem Gemüse.

Meerrettich

Grippe ist in fränkischen Meerrettichmanufakturen unbekannt. Das war schon immer so, doch erst jetzt wird genauer untersucht, welche der scharfen Meerrettich-Inhaltsstoffe uns vor Viren schützen können. Meerrettich wird im Spätherbst geerntet, in den Wochen danach ist die beste Zeit, die frischen Wurzeln zu kaufen. Schälen Sie den Teil, den Sie verwenden, wickeln Sie den Rest in ein feuchtes Tuch und lagern Sie ihn im Kühlschrank. Zerkleinern Sie Meerrettich auf einer möglichst scharfen, feinen Reibe. Dabei entsteht der Brei, der für Sahne- oder Apfelmeerrettich am besten geeignet ist. Meerrettichschärfe verfliegt schnell, darum immer frisch reiben, nicht kochen und schnell verwenden. Wasabi heißt auch japanischer Meerrettich, obwohl die beiden nur äußerst weitläufig verwandt sind. Ihre Aromen ähneln sich allerdings, wobei Wasabi noch schärfer ist. Frische Wasabiwurzeln sind in Europa sehr schwer zu finden, in der Regel kommt das Gewürz als Pulver oder Paste in den Handel.

Meleguetapfeffer und Szechuan-Pfeffer

Beide Gewürze tragen zwar den Pfeffer in ihrem Namen, gehören aber zu ganz anderen Pflanzenfamilien: Meleguetapfeffer oder Paradieskörner sind die Samen eines Ingwergewächses. Sie ähneln dem verwandten Kardamom, schmecken scharf, aber nicht brennend mit einem deutlichen Hauch von Ananas. Meleguetapfeffer eignet sich für Schmorgerichte oder geschrotet für Pfeffersteaks. Der typisch chinesische Szechuanpfeffer ist mit Zitrusfrüchten enger verwandt als mit echtem Pfeffer. Sein Geschmack ist deshalb auch zitronig-scharf. Im Mund fühlt er sich betäubend-prickelnd an. Dieser Effekt ist angenehm, wenn Sie das Gewürz vorsichtig dosieren, im chinesischen Fünf-Gewürze-Pulver (Seite 13) zum Beispiel ist deshalb immer auch etwas Szechuanpfeffer.

Ingwer

Ausgewachsene Ingwerwurzeln (genauer: Rhizome) sind recht faserig, deshalb Ingwer schälen und fein reiben, dann bleiben die Fasern weitgehend an der Wurzel. Oder fein hacken, dann werden die langen Fasern kurz gehackt und stören auch nicht mehr. Dritte Möglichkeit: Die Wurzel in Scheiben schneiden und aus dem fertigen Gericht wieder herausfischen.

ANANAS-SALAT
mit gebratener Hähnchenbrust

Die Variante

Thailändischer Krautsalat
Fast jede feste Obst- oder Gemüsesorte lässt sich mit dieser Ingwerpaste marinieren. Wichtig ist es dabei, die Stücke oder Streifen möglichst fein zu schneiden oder zu raspeln und dann eine Weile mit der Ingwerpaste ziehen zu lassen. So werden die Früchte gleichzeitig weicher und sehr aromatisch. Besonders fein schmeckt ein thailändischer Krautsalat – mit oder ohne gebratenem Hähnchen. Für 4 Personen etwa 600 g Weißkohl, Spitzkohl oder Chinakohl in feine Streifen schneiden und marinieren. Den fertigen Salat mit gehackten Knabber-Erdnüssen bestreuen.

Zutaten für 4 Portionen

2 Limetten

3 EL Sojasauce

1 EL Honig

4 Hähnchenbrustfilets (mit oder ohne Haut)

5 cm Ingwerwurzel

1 Knoblauchzehe

1–2 Chilischoten

1 EL Zucker

1 TL Salz

4 EL Öl (z. B. Erdnussöl)

1–2 TL Szechuanpfeffer (Alternative: Piment)

6 Bleichsellerie-Stangen

1 kleine Ananas

1 Bund Koriander

½ Bund Thai-Basilikum

Zeitbedarf
▪ 40 Minuten +
  15 Minuten garen

So geht's

1. Limetten halbieren und den Saft auspressen. Sojasauce, Honig und 1 EL Limettensaft verrühren, das Hähnchenfleisch damit marinieren. Zugedeckt 20 Minuten ziehen lassen.

2. In der Zwischenzeit Ingwerwurzel und Knoblauch schälen, beides grob hacken. Chili halbieren, Kerne und Stielansatz entfernen. Das Fruchtfleisch grob hacken. Ingwer, Knoblauch und Chili mit Zucker, Salz, 2 EL Öl, Szechuanpfeffer und dem restlichen Limettensaft in einem Blitzhacker pürieren.

3. Selleriestangen waschen, die Blättchen für die Garnitur zur Seite legen, Selleriestangen in dünne Scheiben schneiden. Ananas schälen [→a] [→b], längs vierteln, den Strunk herausschneiden. Ananasstücke quer in dünne Scheiben schneiden. Beides mit der Ingwerpaste mischen, ziehen lassen.

4. Hähnchenbrustfilets aus der Marinade nehmen und mit dem restlichen Öl in einer beschichteten Pfanne bei schwacher Hitze 10 Minuten auf der Hautseite braten. Das Fleisch wenden und 5 Minuten fertig garen. Kurz ruhen lassen. Kräuterblättchen zupfen. Hähnchenbrustfilets in Scheiben schneiden und mit dem Ananas-Salat anrichten. Mit Kräuter- und Sellerieblättchen großzügig bestreuen.

THAI-BASILIKUM ist eine besondere Art Basilikum, sie ist vom Geschmack her nicht mit der italienischen Sorte zu vergleichen und nicht durch diese zu ersetzen. Wenn Sie kein Thai-Basilikum haben, lieber etwas mehr Koriander verwenden.

[a]

SO ENTFERNT MAN DIE „AUGEN" DER ANANAS.

[b]

DAS IST *wirklich* WICHTIG

[a] und [b] ANANAS SCHÄLEN Die asiatische Art, Ananas zu schälen, ist besonders sparsam und ergibt die schönsten Scheiben. Dafür zuerst die Schale dünn abschälen, dann mit jeweils zwei langen Schnitten eine Reihe „Ananasaugen" aus der Frucht lösen. Diese „Augen" sind in langen Spiralen um die Frucht herum angeordnet.

[b]

[b] MEERRETTICHWURZELN sind hart und faserig, am besten kann man sie auf einer scharfen Reibe mit geätzten Zähnen reiben. Alte Reiben oder österreichische „Kreneisen" reiben den Meerrettich, ohne die Fasern zu zerschneiden, dabei entsteht ein feiner Meerrettichbrei, die Fasern bleiben an der Wurzel – ist etwas mühsamer, geht aber auch.

DAS IST *wirklich* WICHTIG

[a] GESALZENE ZUCCHINI ziehen Wasser, d. h., ein Teil der Zellen platzt, das Zellwasser tritt aus. Wenn Sie die Zucchini dann gut auspressen, bindet der Pflanzerlteig ohne zusätzliches Mehl oder Brösel. Die fertigen Pflanzerl werden besonders saftig. (So sind auch die gesalzenen und ausgepressten Gurkenraspel das Geheimnis jedes guten Tsatsikis!)

Hitze verträgt er nicht, deshalb immer frisch über ein fertiges Gericht reiben oder mit etwas Essig oder Zitronensaft und Öl, geriebenen Früchten oder Milchprodukten wie Sahne oder Joghurt mischen. So passt Meerrettich gut zu Gerichten mit gekochtem Rindfleisch, mit Roter Bete oder mit Räucherforelle und auch ganz einfach zu gedünstetem Gemüse.

FORELLEN-PFLANZERL
mit Kartoffelpüree

Zutaten für 4 Portionen

300 g Zucchini

Salz

180 ml Milch

2 Brötchen vom Vortag

1 Zwiebel

2 Knoblauchzehen

3 EL Butter

150 g geräuchertes Forellenfilet

1 Ei

5 EL körniger Senf

Pfeffer, Muskat

800 g Kartoffeln

250 ml Milch oder Sahne

5 cm Meerrettichwurzel (ca. 50 g)

2 EL Zitronensaft

1 Bund Petersilie

2 EL Öl

Zeitbedarf
▪ 45 Minuten +
  30 Minuten garen

So geht's

1. Zucchini grob raspeln und salzen. Milch lauwarm erhitzen, Brötchen halbieren, in dünne Scheiben schneiden und in der Milch einweichen. Zwiebel und Knoblauch schälen, beides fein würfeln und mit 1 EL Butter 2 Minuten dünsten. Forellenfilet klein würfeln. Zucchini in einem Küchentuch fest auspressen [→a]. Semmeln ebenfalls ausdrücken. Beides mit Forellenfilet, Ei, 1 EL Senf und der Zwiebelmischung verkneten. Mit Salz, Pfeffer und Muskat abschmecken. Mit feuchten Händen kleine, flache Frikadellen formen und zugedeckt beiseitestellen.

2. Kartoffeln schälen, grob würfeln. In Salzwasser 15–18 Minuten gar kochen oder – noch besser – dämpfen, z. B. in einem Dampfdrucktopf. Milch oder Sahne erwärmen und kräftig mit Salz und Muskat würzen. Kartoffeln abgießen und kurz ausdampfen lassen. Durch ein großes Sieb oder eine Kartoffelpresse drücken und mit der heißen Milch mischen, dabei 1 EL Butter in kleinen Stücken unterrühren.

3. Während die Kartoffeln kochen, Meerrettich schälen und fein reiben [→b], mit Zitronensaft, restlichem Senf und den Blättchen der Petersilie im Blitzhacker pürieren, leicht salzen.

4. Forellen-Pflanzerl mit Öl in einer beschichteten Pfanne bei mittlerer Hitze 6–8 Minuten von beiden Seiten braten. Mit Püree und Meerrettich-Senf servieren.

Die Variante

Apfel- und Birnenmeerrettich
Zu geräuchertem Fisch und gekochtem Rindfleisch passt auch klassisch geriebener Meerrettich mit Äpfeln oder Birnen. Dafür 2 Äpfel oder Birnen schälen, vierteln, das Kerngehäuse entfernen, die Stücke reiben. Ca. 6 cm Meerrettichwurzel schälen, fein reiben, mit Äpfeln oder Birnen und ein paar Spritzern Apfelessig und wenig Öl, z. B. Nussöl, verrühren. Leicht salzen. Nach Belieben mit gehackten Kräutern wie Kerbel, Koriander oder Petersilie verfeinern.

Senf

„Mostarda di frutta" und Fruchtsenf-Zubereitungen wie Feigen- oder Birnensenf sind italienische Spezialitäten – scharf gemacht mit Senfessenz, die hier seit einigen Jahren leider nicht mehr erhältlich ist: zu scharf und zu gefährlich. Für eigenen Fruchtsenf kann man ein süß-säuerliches Kompott mit Senfkörnern kochen, einige Tage ziehen lassen und dann pürieren.

KALBSSCHNITZEL
mit Gurkensalat

Die Variante

Scharfes Huhn

2 TL englisches Senfpulver mit 2 EL Weißwein verrühren. Die Blättchen von ½ Bund Petersilie fein hacken und unter den Senf rühren, ziehen lassen. In der Zwischenzeit 4 Hähnchenbrustfilets (je ca. 200 g) mit Salz und Pfeffer würzen und auf der Hautseite bei mittlerer Hitze mit 2 EL Olivenöl und einer gequetschten Knoblauchzehe etwa 12 Minuten knusprig und goldbraun braten. Filets ohne Haut auf der glatten Seite braten. Den Ofengrill einstellen. Hähnchenbrustfilets wenden, die Haut mit dem Senf sehr dünn bestreichen, nach 2 Minuten unter dem Ofengrill kurz hellbraun überbacken. Vorsicht, der Senf verbrennt leicht.

Zutaten für 4 Portionen

2 Salatgurken

1 EL Weißweinessig

2 EL körniger Senf

Salz, Pfeffer

2 EL Rapsöl oder Nussöl

2 EL Buttermilch

3 EL gelbe Senfkörner

5 EL Weißbrotbrösel

2 Eier

6 EL Mehl

4 Kalbsschnitzel (je ca. 150 g)

3–4 EL Butterschmalz

1 Bund Schnittlauch

1 Limette oder Zitrone

Zeitbedarf
- 15 Minuten +
  5 Minuten garen

So geht's

1. Gurken schälen, längs halbieren und die Kerne mit einem Löffel herauskratzen. Die Hälften in dünne Scheiben schneiden. Essig mit 1 TL Senf verrühren, mit Salz und Pfeffer kräftig würzen, Öl und Buttermilch unterrühren, abschmecken.

2. Senfkörner in einem Mörser oder einer Gewürzmühle grob mahlen [→a], mit den Brotbröseln mischen. Eier in einem tiefen Teller verquirlen. Bröselmischung und Mehl ebenfalls in tiefe Teller geben. Kalbsschnitzel mit Salz und Pfeffer würzen, jeweils auf einer Seite dünn mit Senf bestreichen. Danach erst in Mehl, dann in Ei und zuletzt in den Bröseln wenden [→b].

3. Die Schnitzel mit Butterschmalz in einer beschichteten Pfanne von beiden Seiten bei mittlerer Hitze 5 Minuten goldbraun braten [→c]. Schnitzel aus der Pfanne nehmen, auf Küchenpapier kurz abtropfen lassen.

4. Gurken erst jetzt mit der Sauce mischen. Schnittlauch in Röllchen schneiden. Gurkensalat und Schnitzel anrichten, mit Schnittlauch bestreuen und mit Limetten- oder Zitronenspalten servieren.

Dazu passen Preiselbeeren oder Mangochutney.

SO SCHMECKTS AUCH Für Gemüse-Schnitzel Zucchini oder Aubergine längs in 5 mm dicke Scheiben schneiden, wie oben beschrieben panieren und ausbacken. Mit Bratkartoffeln oder Kartoffelsalat servieren.

[a]

DAS IST *wirklich* WICHTIG

[a] SENFKÖRNER für die Panade nur grob mörsern oder mahlen.

[b] PANIEREN Die Schnitzel in den Bröseln wenden, dabei die Panade nicht festdrücken, sodass die Hülle dünn, knusprig und locker wird.

[c] BRATEN Wenn das Butterschmalz die richtige Temperatur hat, bilden sich Blasen um die Schnitzel. Die Panade nimmt nur wenig Fett auf und wird besonders knusprig.

[b]

[c]

[a]

[b]

DAS IST
wirklich
WICHTIG

[a] KNOBLAUCH gibt es zwar das ganze Jahr über, doch am allerbesten schmeckt die Knolle in den Wochen nach der Ernte – entweder ganz frisch oder frisch getrocknet. Für Gerichte, in denen Knoblauch eine zentrale Rolle spielt, kommt Lagerknoblauch nicht infrage, da hilft es auch nicht, den Keimling zu entfernen. Gebackenen Knoblauch kann man ganz leicht aus den halbierten Knollen drücken.

[b] DURCHSEIHEN Für eine klare Brühe den Fischfond durch ein Küchentuch oder ein spezielles Passiertuch abgießen. Dafür ein Sieb mit einem feuchten Küchentuch auslegen, auf einen passenden Topf setzen. Den Fischfond mit einer großen Schöpfkelle vorsichtig durchs Tuch gießen, abtropfen lassen.

Knoblauch

Ein Teil seiner Aromastoffe bildet sich erst im Kontakt des Knoblauchsaftes mit Sauerstoff aus der Luft, deshalb schmeckt Knoblauch unterschiedlich, je nachdem ob Sie ihn schneiden oder quetschen. Meistens ist Schneiden die erste Wahl, doch für Gewürzpasten aus dem Mörser dürfen die Zehen auch gequetscht werden. Und wird der Knoblauch zuerst gegart, dann ohnehin.

FORELLENSUPPE
mit Knoblauchbutter

Zutaten für 4 Portionen

Für die Butter

2 Knollen junger Knoblauch

250 g weiche Butter

Salz, Pfeffer

etwas Zitronensaft

Für die Suppe

2 Zwiebeln

½ Stange Lauch

2 Forellen (Filets und Gräten)

200 ml Weißwein

1 Bund Dill

1 EL getrocknete Pilze

2 Tomaten

1 Fenchelknolle

Salz, Pfeffer

8 dünne Weißbrotscheiben

Zeitbedarf

▪ 45 Minuten +
  70 Minuten garen

So geht's

1. Knoblauchknollen in Alufolie wickeln, im Ofen auf mittlerer Schiene bei 180 °C (Umluft 160 °C) 45 Minuten garen. Kurz abkühlen lassen, quer halbieren, den weichen Knoblauch aus den Schalen drücken [→a]. Die Butter mit dem Knoblauchpüree 4–5 Minuten schaumig schlagen. Mit Salz, Pfeffer und wenig Zitronensaft würzen. Nach Belieben mit gehackten Kräutern wie Thymian oder Basilikum ergänzen.

2. Für die Suppe Zwiebeln schälen und grob würfeln. Lauch putzen, in Scheiben schneiden. Gemüse mit den Fischgräten, Weißwein und 1 l kaltem Wasser in einem Topf aufkochen. Den aufsteigenden Schaum mit einem Sieblöffel abschöpfen. Dill zupfen und beiseitestellen. Die Stängel in die Brühe geben, Pilze ebenfalls zugeben. Tomaten vierteln, entkernen und klein würfeln. Fenchel halbieren und in feine Scheiben schneiden, die Gemüsereste mit in die Brühe geben. Mit Salz und Pfeffer würzen, bei schwacher Hitze 20 Minuten ziehen lassen.

3. Fischfond vorsichtig in einen zweiten Topf abgießen [→b]. Fenchel zugeben und 5 Minuten kochen lassen. Fischfilets in 2 cm breite Streifen schneiden und mit den Tomaten in die Suppe geben. Vom Herd nehmen und 2–3 Minuten ziehen lassen. Weißbrotscheiben toasten. Kräuter grob hacken. Die Suppe anrichten, mit Kräutern bestreuen, mit Knoblauchbutter und Weißbrot servieren.

Die Variante

Rouille

Als feine Alternative zur Knoblauchbutter: 3 EL Milch lauwarm erhitzen, 0,1 g Safran darin einweichen. 2 Knollen jungen Knoblauch und 1 mittelgroße Kartoffel in Alufolie wickeln und auf der mittleren Schiene im Ofen bei 180 °C (Umluft 160 °C) 45 Minuten garen. Kurz abkühlen lassen, quer halbieren, den weichen Knoblauch aus den Schalen drücken. Die Kartoffel auslöffeln, mit einer Gabel zerdrücken. 1 Eigelb mit 1 EL körnigem Senf, der Safranmilch, 1 TL Chiliflocken, 1 EL Zitronensaft, Knoblauch und Kartoffel verrühren. 250 ml mildes Olivenöl langsam in dünnem Strahl zugeben, dabei ständig rühren. Die fertige Rouille mit Salz abschmecken.

Pfeffer

Der Unterschied zwischen frisch gemahlenem Pfeffer und Fertigpfeffer aus dem Streuer ist groß. Heute ist die Pfeffermühle in vielen Küchen selbstverständlich, jetzt gilt es, wunderbar unterschiedliche Sorten aus verschiedenen Anbaugebieten zu entdecken. Probieren Sie Pfeffer aus Kerala (Indien), Kampot (Kambodscha), Penja (Kamerun) oder Bangka (Indonesien).

RIESLING-RIPPCHEN
lange geschmort

Die Variante

Rinderragout

Schmorgerichte aus Rindfleisch werden besonders saftig und aromatisch, wenn man die nicht so zarten Teile vom Rind verwendet, denn Schulter, Wade oder Brust enthalten Fett und Bindegewebe. Und beides liefert reichlich Geschmack, sobald das anfangs zähe Bindegewebe erst einmal weich gekocht ist. Die Rippchen in diesem Rezept können Sie durch ca. 1,2 kg Schulter oder Wade ersetzen – weil das Fleisch ohnehin sehr weich geschmort werden soll, ändert sich die Garzeit dadurch nicht. Für ein leichteres Rinderragout 800 g Rinderschulter verwenden und zusätzlich 500 g in Scheiben geschnittenes Wurzelgemüse mit in den Schmortopf geben.

Zutaten für 4 Portionen

500 g Zwiebeln

1 Knoblauchknolle

2–3 EL schwarze Pfefferkörner

1 EL Pimentkörner

1 EL Butter

2 kg fleischige Rinderrippen in ca. 4 cm langen Stücken

Salz

0,75 l Weißwein (z. B. Riesling)

Für die Kartoffelnocken

500 g mehligkochende Kartoffeln

100 g Mehl

1 Eigelb

Salz, Pfeffer, Muskat

1 Bund Petersilie

2 EL Butter

3 EL geriebener Bergkäse

Zeitbedarf
- 60 Minuten +
  6 Stunden garen

So geht's

1. Zwiebeln und Knoblauch schälen und in dünne Scheiben schneiden. Pfeffer- und Pimentkörner grob quetschen [→a]. Den Schmortopf buttern. Rippenstücke, Zwiebeln, Knoblauch und Pfeffer in den Topf geben, kräftig salzen und leicht andrücken. Das Fleisch mit Wein bedecken, Deckel auflegen und im Ofen bei 140 °C (Umluft 120 °C) 6 Stunden schmoren lassen (falls der Deckel nicht dicht schließt, evtl. ab und zu kleine Mengen heißes Wasser zugeben).

2. Währenddessen Kartoffeln mit Schale in gesalzenem Wasser ca. 20 Minuten gar kochen. Wasser abgießen, die Kartoffeln im Topf auf der ausgeschalteten Herdplatte 2–3 Minuten ausdampfen lassen. Kartoffeln pellen und durch eine Kartoffelpresse drücken, solange sie noch warm sind. Auf einem Blech mit einem Küchentuch bedecken und vollständig abkühlen lassen.

3. Kartoffeln mit Mehl, Ei, Salz, Pfeffer und Muskat zügig zu einem glatten Teig verkneten. Teig in 5 Portionen teilen und auf einer mit Mehl bestäubten Arbeitsfläche zu fingerdicken Rollen formen. Diese in 1,5 cm lange Stücke schneiden. Einen großen Topf mit Wasser aufkochen und salzen. Kartoffelnocken in das Wasser geben. Sobald die Nocken an die Wasseroberfläche steigen, noch 4 Minuten ziehen lassen.

4. Petersilienblättchen zupfen und hacken. Butter in einer beschichteten Pfanne erhitzen. Kartoffelnocken mit einem Sieblöffel aus dem Wasser heben und in der heißen Butter mit Petersilie und Käse schwenken [→b]. Mit den Riesling-Rippchen anrichten.

[a]

[b]

DAS IST *wirklich* WICHTIG

[a] PFEFFERKÖRNER lassen sich nicht nur im Mörser oder in einer Mühle zerkleinern, Sie können die Körner für Suppen oder Saucen auch mit der Breitseite eines schweren Messers zerdrücken.

[b] KARTOFFELTEIG gelingt am besten im späten Winter, wenn gelagerte Kartoffeln schon einen Teil ihrer Feuchtigkeit verloren haben. Da man aber nie ganz genau weiß, wie viel Mehl die jeweilige Kartoffelsorte benötigt, um gut zu binden, unbedingt immer ein oder zwei Probenocken kochen. Sind die zu weich, noch etwas Mehl zugeben, sind sie zu fest, noch einen Löffel Quark unter den Teig kneten. Kartoffelteig zügig verarbeiten, sonst wird er weich.

Langpfeffer/Kubebenpfeffer

Ist im römischen Kochbuch des Apicius von Pfeffer die Rede, dürfte Langpfeffer gemeint sein, Piper longum galt in der Antike als besonders würzig. Als der Seehandel uralte Transportrouten über Land ablöste, konnte schwarzer Pfeffer aus südindischen Seehäfen viel schneller nach Venedig transportiert werden. Seitdem ist Langpfeffer aus der Mode gekommen – zu Unrecht.

SPAGHETTI
mit Süßkartoffelsugo

Die Variante

Pikante BBQ-Sauce
1 Zwiebel und 2 Knoblauchzehen schälen und fein würfeln. Mit 2 EL Öl in einem Topf 3 Minuten dünsten. 8 Stück Langpfeffer und 1 EL braunen Zucker mit den Zwiebeln mischen. Zucker karamellisieren lassen. 1 EL Paprikapulver zugeben (z. B. geräucherten Pimentón de la Vera aus Spanien), einmal umrühren, sofort mit 3 EL Essig ablöschen und mit 300 ml passierten Tomaten auffüllen. Sauce 30 Minuten bei schwacher Hitze einkochen und mit Salz abschmecken. Entweder im Mixer pürieren oder stückig lassen, dann aber den Langpfeffer entfernen. Als Sauce für Fondues oder zum Grillen verwenden.

Zutaten für 4 Portionen

500 g Süßkartoffeln

500 g Tomaten

5 EL Olivenöl

8 Stück Langpfeffer

Salz

250 ml Brühe

1 Bio-Zitrone

2 EL schwarze Oliven ohne Stein

1 Bund Petersilie

500 g Spaghetti

Zeitbedarf
- 15 Minuten +
  30 Minuten garen

So geht's

1. Die Süßkartoffeln schälen und grob raspeln. Den Stielansatz von den Tomaten entfernen. Die Früchte würfeln. 3 EL Olivenöl und 6 Stücke Langpfeffer in einem Topf 2 Minuten braten. Kartoffeln und Tomaten zugeben, salzen und zugedeckt 5 Minuten dünsten. Mit Brühe auffüllen und bei mittlerer Hitze 20 Minuten kochen. Dabei ab und zu umrühren.

2. Die Zitrone heiß waschen, abtrocknen, die Schale fein abreiben und den Saft auspressen. Oliven grob hacken. Petersilienblättchen abzupfen und hacken. Restlichen Langpfeffer ebenfalls hacken oder mörsern. Mit Petersilie, Oliven, restlichem Olivenöl, Zitronenschale und -saft mischen.

3. Spaghetti nach Packungsangabe in kräftig gesalzenem Wasser bissfest kochen. Die Nudeln auf ein Sieb abgießen, im Saucentopf mit dem Süßkartoffelsugo mischen, 1 Minute durchkochen und dann anrichten. Die Oliven-Kräutermischung auf den Nudeln verteilen. Ganze Langpfefferstücke nicht mitessen, sondern an den Rand legen.

SO SCHMECKT'S AM BESTEN Fast alle Nudelgerichte gewinnen geschmacklich, wenn man die Nudeln abgießt, auf keinen Fall abschreckt und dann noch 1–2 Minuten mit der fertigen Sauce kocht, sodass sie alle Nudeln gleichmäßig umhüllt.

Grüner Pfeffer

Damit die Farbe nicht verloren geht, muss ein Enzym im grünen Pfefferkorn gestoppt werden. Aus Madagaskar stammt die Methode, grünen Pfeffer dafür in Salzlake einzulegen, deshalb sind Rezepte damit oft nach der Insel benannt, z. B. „Steak Madagaskar". Da unreifer Pfeffer weich und weniger scharf ist als ausgereifte Sorten, kann man auch ganze Körner verwenden.

TINTENFISCH
mit Ofenpaprika

Zutaten für 4 Portionen

1 Rispe frischer grüner Pfeffer (oder 1 EL aus dem Glas)

1 Knoblauchzehe

2 cm Ingwerwurzel

2 Stangen Sellerie (mit Grün)

2 EL Orangenmarmelade

500 g Tintenfischtuben (je nach Größe 4–12 Stück)

4 rote Paprikaschoten

4 EL Öl

Salz, Pfeffer

1 Zitrone

Zeitbedarf

▪ 20 Minuten +
30 Minuten garen +
1 Stunde ruhen

So geht's

1. Pfefferkörner von der Rispe zupfen. Knoblauch und Ingwer schälen und in Scheiben schneiden. Beides mit den Pfefferkörnern hacken. Selleriestangen putzen, die Blättchen abzupfen und beiseitelegen. Selleriestängel in dünne Scheiben schneiden. Die vorbereiteten Zutaten mit der Orangenmarmelade mischen. Tintenfischtuben mit kaltem Wasser abspülen und mit einem Küchentuch trocken tupfen. Die Tuben in Ringe schneiden, mit der Pfeffermarinade mischen und zugedeckt 1 Stunde kalt stellen.

2. Ofen auf 240 °C (Umluft 220 °C) vorheizen. Paprika waschen und vierteln, dabei Kerne und Stielansatz entfernen. Paprikaviertel auf ein mit Backpapier ausgelegtes Ofenblech legen. Paprika auf der mittleren Schiene 20–25 Minuten backen, bis die Haut beginnt, schwarz zu werden. Paprika auf dem Blech mit einem feuchten Küchentuch abdecken, kurz abkühlen lassen und dann die Haut abziehen.

3. Sellerieblättchen in dünne Streifen schneiden. Eine große beschichtete Pfanne mit dem Öl erhitzen. Die Tintenfischtuben bei großer Hitze von beiden Seiten 2–3 Minuten braten. Paprikaviertel mit den Tuben mischen, die Hitze reduzieren, weitere 2 Minuten ziehen lassen. Mit Salz und Pfeffer würzen, mit Zitronensaft ablöschen, durchschwenken und anrichten. Mit Sellerieblättchen bestreuen.

Die Varianten

Pfeffersteak

2 EL frischen, grünen Pfeffer leicht quetschen, hacken. 4 Rinderrückensteaks (je 1 cm dick) mit dem Pfeffer einreiben. 2 große schwere Pfannen stark erhitzen. 2 EL Erdnussöl in jede Pfanne geben und die Steaks von beiden Seiten je 1 Minute braten. Aus der Pfanne nehmen, auf einer heißen Platte kurz ruhen lassen, mit Meersalz würzen und servieren.

Grüne Pfefferbutter

200 g weiche Butter mit 1 TL Salz 5 Minuten schaumig schlagen. 2 EL frischen grünen Pfeffer (oder aus dem Glas) leicht quetschen, mit den Blättchen von 1 Bund Estragon und der abgeriebenen Schale von 1 Bio-Limette hacken. Limettensaft auspressen und mit Kräuterpfeffer unter die Butter rühren. Kalt stellen. Zu Grillgerichten, Spargel oder Kartoffeln servieren.

Pfefferblatt

Im Asialaden finden Sie frische Pfefferblätter, thailändische und vietnamesische Sorten können Sie untereinander austauschen. Eng verwandt mit den beiden ist das Betelblatt, manchmal werden Pfefferblätter auch als Betelblätter oder wilder Betel bezeichnet – was streng genommen falsch ist. Aber keine Sorge, im Asialaden finden Sie nur die für die Küche geeigneten Varianten.

BO LA LOT
vietnamesisches Nationalgericht

Die Varianten

Lachs im Pfefferblatt
500 g Lachsfilet in 24 kleinfingerdicke Streifen schneiden. Mit Knoblauch, Zitronengras, 5-Gewürze-Pulver, Kurkuma und Fischsauce mischen und 10 Minuten ziehen lassen. Jeweils einen Lachsstreifen in ein Pfefferblatt einrollen, mit Spießen fixieren und bei etwas größerer Hitze von beiden Seiten 1–2 Minuten grillen oder braten.

Fischdip
Der vietnamesische National-Dip: 1 kleine Möhre und 4 Radieschen fein reiben. 1 Chilischote in feine Ringe schneiden. 1 Knoblauchzehe schälen und hacken. Mit 4 EL Fischsauce, 2 EL Limettensaft, 1 EL Zucker und 6 EL Wasser verrühren. Den Dip in kleine Schälchen verteilen und zu den Röllchen servieren.

Zutaten für 4 Portionen

2 Knoblauchzehen

5 EL Öl

3 Stängel Zitronengras

100 g Frühstücksspeck (Bacon)

500 g Rinder-Hackfleisch

1 EL 5-Gewürze-Pulver (siehe Seite 13)

1 EL Kurkuma

2 EL Fischsauce und Fischsauce als Dip

Salz

1 Packung Pfefferblätter (Rau la Lot, ca. 24 Stück)

1 Bund Lauchzwiebeln

2 EL geröstete Erdnüsse

1 Chilischote

Zeitbedarf
▪ 45 Minuten +
  40 Minuten garen und ruhen

besonderes Werkzeug
▪ 16 Bambus-Holzspieße

So geht's

1. Knoblauch schälen, fein würfeln, mit 1 EL Öl in einer kleinen Pfanne 1 Minute anbraten und in eine Schüssel geben. Die äußeren Blätter vom Zitronengras entfernen. Den Rest längs vierteln und so fein wie möglich schneiden. Speck klein würfeln oder hacken. Die vorbereiteten Zutaten mit Hackfleisch, 5-Gewürze-Pulver, Kurkuma, Fischsauce und einer Prise Salz zu einem geschmeidigen Teig verkneten. Die Masse zugedeckt 30 Minuten kalt stellen.

2. Die Stiele der Pfefferblätter abzupfen, die Blätter waschen und trocken schleudern. Hackfleisch noch einmal gut durchkneten, damit der Teig gut bindet. Jeweils einen Esslöffel der Füllung auf jedes Blatt setzen, zu fingerdicken Röllchen formen [→a]. Blätter fest zusammenwickeln, je 3 Röllchen auf je 2 Spieße stecken [→b]. Mit Öl bepinseln und bei milder Hitze in einer Grillpfanne oder auf einem Holzkohlen-Grill von beiden Seiten je 2–3 Minuten grillen.

3. Lauchzwiebeln putzen und in feine Ringe schneiden. Erdnüsse hacken. Spieße auf Teller verteilen und mit Lauchzwiebeln und Erdnüssen garnieren. Chilischote hacken, mit etwas Fischsauce mischen und in Dip-Schälchen zu den Bo La Lot servieren.

SO SCHMECKT'S AUCH In Vietnam werden Bo La Lot oft mit gekochten Reisnudeln serviert. Die Reisnudeln dafür nach Packungsanweisung kochen, abschrecken und mit Fischdip (siehe Variante, ohne Möhre und Radieschen) marinieren.

DAS IST *wirklich* WICHTIG

[a] FLEISCHFÜLLUNG in kleinen Röllchen auf die Pfefferblätter legen. So lassen sie sich leicht einrollen.

[b] RÖLLCHEN mit je 2 Holzspießen fixieren, die man parallel durch die Röllchen steckt, damit sie sich in der Pfanne oder auf dem Grill leicht wenden lassen, ohne sich dabei zu verdrehen.

[a]

[b]

[a]

[b]

DAS IST
wirklich
WICHTIG

[a] CHILI UND PEPERONI, vor allem größere Mengen, nur mit Einweg- oder Kü-
chenhandschuhen verarbeiten. Die Kerne
unter fließendem Wasser, bei geöffnetem
Fenster entfernen. Eine Schwimmbrille
schadet auch nicht ...

[b] AUF VORRAT Im Kühlschrank ist die
„Feuersauce für Fortgeschrittene" mindestens 2 Monate haltbar.

Chili und Peperoni

Botanisch betrachtet sind Paprika, Peperoni und Chili nur verschiedene Sorten der Gattung Paprika, Capsicum. Ursprünglich waren alle Sorten scharf, erst Züchter aus Ungarn und New Mexico entwickelten milde Varianten. Peperoni nennt man in Deutschland größere, nicht allzu scharfe Schoten. Sie lassen sich gut dosieren, im Gegensatz zu Habanero und Co.

FEUERSAUCE
mit Bratkartoffeln

Zutaten für ca. 800 ml

250 g milde rote Peperoni

100 g Chilischoten

250 g rote Paprika

250 g Ingwerwurzel

10 Knoblauchzehen

2 rote Zwiebeln

100 g grüner Pfeffer (frisch oder aus dem Glas)

2 EL Koriandersamen

1 EL Pimentkörner

8 Stück Langpfeffer

1 EL schwarze Pfefferkörner

100 ml Öl

40 g Salz

100 g Zucker

4 EL Reisessig

Zeitbedarf
- 30 Minuten +
  25 Minuten für die Kartoffeln

So geht's

1. Peperoni, Chili und Paprika halbieren, Kerne und Stielansätze entfernen [→a]. Alles grob hacken. Ingwer, Knoblauch und Zwiebeln schälen und klein würfeln. Grünen Pfeffer von den Rispen zupfen und hacken.

2. Die Gewürze in einem Blitzhacker oder Mörser fein mahlen. Alle vorbereiteten Zutaten mit Öl, Salz, Zucker und Essig in einer Küchenmaschine 5 Minuten sehr fein pürieren. Die Sauce in Schraubdeckelgläser füllen und kühl stellen [→b].

Dazu passen Bratkartoffeln besonders gut: 800 g Kartoffeln schälen und in 1–2 cm große Würfel schneiden. Kartoffeln mit 2 EL Öl in einer großen beschichteten Pfanne mit Deckel bei mittlerer Hitze 10 Minuten braten, dabei ab und zu den Deckel abnehmen und durchschwenken, damit die Würfel von allen Seiten gleichmäßig gebräunt werden. Die Kartoffeln mit 1–3 EL Feuersauce mischen und 2 Minuten zusammen braten. Mit 150 g Crème fraîche verrühren und mit Salz abschmecken. 1 Bund Koriander oder Petersilie zupfen, grob hacken und über die Kartoffeln streuen.

Die Varianten

Milde Glutsauce
Das Gesamtgewicht von Peperoni, Chili und Paprika sollte immer etwa 600 g betragen, damit die Menge der anderen Gewürze und die Salzmenge dazu passen. Für mildere Saucen Teile der Chilimenge durch Peperoni oder rote Paprika ersetzen – selbst einer Sauce ganz ohne Chili geben Peperoni und Ingwer immer noch eine beträchtliche Grundschärfe.

Feuriger Dip
Pur oder mit Joghurt gemildert wird aus der Sauce ein Grill-Dip für Gemüse und Fleisch oder ein Aufstrich für die Wraps auf Seite 124.

Heiße Marinade
Dünne Fleischstücke, wie Hähnchenbrust oder Lammfilets, mit wenig Feuersauce und Öl bestreichen, einige Minuten ziehen lassen, dann bei schwacher bis mittlerer Hitze grillen oder braten.

CURRYPASTEN

und Currypulver

SO WIE DAS GULASCH ERST AUF DEM WEG NACH WIEN ZUM SCHMORGERICHT WURDE, VERWANDELTE SICH AUCH DAS CURRY: AUS DEM INDISCHEN EINTOPF NAHMEN BRITISCHE OFFIZIERE NUR DIE GEWÜRZPULVER MIT NACH HAUSE. DIE HEISSEN IN INDIEN ÜBRIGENS NICHT CURRY, SONDERN MASALA. THAILÄNDISCHE CURRYS SIND ZWAR AUCH SCHARF, DOCH IHRE ZUBEREITUNG BASIERT AUF ANDEREN GEWÜRZEN UND IMMER AUF EINER WÜRZPASTE.

ROTE CURRYPASTE

Sechs lange, getrocknete rote Chilis aus dem Asialaden (oder 6 frische rote Peperoni) längs halbieren, dabei Kerne und Stielansätze entfernen. Peperoni mit 150 ml kochendem Wasser überbrühen, 30 Minuten ziehen lassen. 4 cm (ca. 40 g) Galgant (oder Ingwer) schälen und fein hacken. Die äußeren Blätter von 1 Stängel Zitronengras entfernen und die Enden abschneiden. Das Mittelstück längs vierteln und quer in möglichst feine Streifen schneiden. 4 Knoblauchzehen und 50 g Thaischalotten abziehen, waschen und fein würfeln. Peperoni auf ein Sieb abgießen, abtropfen lassen und hacken. Mit 1 TL Salz pürieren. Nacheinander Galgant, Zitronengras, Schalotten und Knoblauch einarbeiten. Die nächste Zutat erst zugeben, wenn die vorherige vollständig püriert ist. Wird die Paste beim Pürieren zu fest, mit 1–2 EL Wasser verdünnen. Zum Schluss noch 1 Messerspitze Garnelenpaste (alternativ: 1 Sardellenfilet) und 1 TL gemahlenen Kreuzkümmel untermischen. Hält im Kühlschrank mindestens 1–2 Wochen.
Passt am besten zu Rindfleisch, Schweinefleisch, Krustentieren und Gemüse.

GRÜNE CURRYPASTE

6 grüne Peperoni (oder 20 grüne Vogelaugenchilis) längs halbieren, dabei Kerne und Stielansätze entfernen. Die Peperonihälften mit 150 ml heißem Wasser mischen und 30 Minuten ziehen lassen. 4 cm (ca. 40 g) Ingwerwurzel schälen und fein hacken. Die äußeren Blätter von 2 Stängeln Zitronengras entfernen und die Enden abschneiden. Das Mittelstück längs vierteln und quer in möglichst feine Streifen schneiden. 1 Kaffir-Limette oder 1 Bio-Limette

heiß waschen, abtrocknen und 1 TL der Schale fein abreiben. 6 Korianderwurzeln gründlich waschen und hacken. 2 Knoblauchzehen und 50 g Thaischalotten abziehen, waschen und fein würfeln. 1 EL frische grüne Pfefferkörner fein hacken. Peperoni auf ein Sieb abgießen, abtropfen lassen und fein hacken. Mit 1 TL Salz pürieren. Nacheinander Ingwer, Zitronengras, Limettenschale, Korianderwurzeln, Schalotten, Knoblauch und grünen Pfeffer einarbeiten. Die nächste Zutat erst zugeben, wenn die vorherige vollständig püriert ist. Wird die Paste beim Pürieren zu fest, mit 1–2 EL Wasser verdünnen. Zum Schluss noch 1 Messerspitze Garnelenpaste (alternativ: 1 Sardellenfilet) untermischen. Hält im Kühlschrank mindestens 1-2 Wochen.
Passt besonders gut zu Gemüse und festfleischigen Fischen.

GELBE CURRYPASTE

6 gelbe Peperoni (oder 12 gelbe Chilis) längs halbieren, dabei Kerne und Stielansätze entfernen. Die Hälften mit 150 ml heißem Wasser mischen und 30 Minuten ziehen lassen. 1 Kurkumawurzel (ca. 20 g) und 4 cm Ingwerwurzel (ca. 40 g) schälen und fein hacken. Kurkuma färbt stark, deshalb eventuell beim Schälen Handschuhe verwenden. Die äußeren Blätter von 1 Stängel Zitronengras entfernen und die Enden abschneiden. Die Mittelstücke längs vierteln und quer in möglichst feine Streifen schneiden. 8 Korianderwurzeln gründlich waschen und hacken. 50 g Thaischalotten und 5 Knoblauchzehen abziehen und fein würfeln. 1 TL weiße Pfefferkörner und 1 TL Zimtblüten in einer Pfeffer- oder Gewürzmühle mahlen. Peperoni auf ein Sieb abgießen, abtropfen

lassen und fein hacken. Mit 1 TL Salz pürieren. Nacheinander Ingwer, Zitronengras, Korianderwurzeln, Kurkumawurzeln, Schalotten und Knoblauch einarbeiten. Die nächste Zutat erst dazugeben, wenn die vorherige vollständig püriert ist. Wird die Paste beim Pürieren zu fest, mit 1–2 EL Wasser verdünnen. Zum Schluss die Paste mit 1 Messerspitze Garnelenpaste (alternativ: 1 Sardellenfilet), Pfeffer und Zimt mischen. Hält im Kühlschrank mindestens 1–2 Wochen.
Passt am besten zu Geflügel und Fisch.

BASIC CURRYPULVER

2 EL Koriandersamen, 1 EL Kreuzkümmel, 1 TL schwarze Pfefferkörner, 1 TL braune Senfkörner, 1 TL Pimentkörner, 3 Nelken, 1–2 getrocknete Chilischoten und 1 TL Bockshornkleesamen in einer Pfanne ohne Fett bei mittlerer Hitze 2–3 Minuten rösten. Dabei häufig rühren. Die Gewürze mit 1 EL Kurkumapulver in einem Mörser oder einer Gewürzmühle fein mahlen. In einem Schraubdeckelglas kühl und dunkel lagern. Passt für Saucen, Marinaden, Reis- und Gemüsepfannen, aber auch zu Currywurst.

AYURVEDA-CURRY

½ TL schwarzen Pfeffer, 1 EL Fenchelsamen, 1 EL Kreuzkümmel, 4 milde getrocknete Chilischoten und 8 Nelken in einem Topf ohne Fett rösten, bis die Gewürze duften. Vom Herd nehmen, 1 TL Safranfäden (0,5 g) in die heiße Gewürzmischung rühren. Abkühlen und fein mahlen, das geht in einer Gewürzmühle, einer elektrischen Kaffeemühle oder im Mörser. 1 EL Ingwerpulver und 1 TL Zimt unterrühren und in einem kleinen Gläschen aufbewahren. Verwenden Sie die Gewürzmischung für indische Currygerichte, Wokgerichte oder immer da, wo Sie sonst mit Pfeffer würzen würden, das gibt eine ganz neue Geschmacksrichtung, passt so gut wie immer – und bringt Ihren gesamten Stoffwechsel in Schwung.

RINDERCURRY
mit Sojasprossen

Zutaten für 4 Portionen

1 Zwiebel

600 g Rindfleisch
(Schulter oder Brust)

Salz

400 ml Kokosmilch

2–3 EL rote Currypaste (siehe
Seite 115 oder aus Asialaden)

1 EL brauner Zucker

2 EL Fischsauce

3 Kaffir-Limettenblätter

200 g Sojasprossen

½ Bund Thai-Basilikum

Zeitbedarf
- 10 Minuten +
  2 Stunden garen

So geht's

1. Zwiebel mit Schale halbieren.
Rindfleisch mit Zwiebelhälften
in einen kleinen Topf geben,
knapp mit Wasser bedecken,
salzen und aufkochen. Aufsteigenden Schaum mit einem
Sieblöffel abschöpfen. Das
Fleisch bei mittlerer Hitze
1,5 Stunden kochen, aus der
Brühe nehmen und abkühlen
lassen. Rindfleisch erst in
1 cm dicke Scheiben, dann in
1 cm dicke Streifen schneiden.
400 ml Brühe abmessen.

2. Kokosmilch öffnen, die feste
Kokoscreme mit einem Löffel
abschöpfen. Kokoscreme in
einem Wok oder einem fla-
chen Topf bei mittlerer Hitze
einkochen, bis sich das trans-
parente Kokosfett sichtbar
vom weißen Teil trennt. Oft ist
Kokosmilch emulgiert oder
mit Stärke gebunden, sodass
sich keine Kokoscreme in der
Dose absetzen kann. In dem
Fall einfach 3–4 EL Kokosmilch zusammen mit 2 EL Öl
einkochen lassen. Currypaste
mit der Kokoscreme verrühren, 1 Minute braten.

3. Zucker und Fischsauce zugeben. Die restliche Kokosmilch,
Brühe, Fleischstreifen und
Limettenblätter zugeben und
aufkochen. Das Curry bei
mittlerer Hitze 30 Minuten
kochen lassen. 2 Minuten vor
dem Ende der Garzeit die
Sojasprossen unterrühren.
Thaibasilikumblättchen abzupfen und grob hacken. Das
Curry mit Thaibasilikum mischen und in vier tiefe Teller
verteilen.

Dazu passt Basmati- oder Duft-
reis, aber auch Langkornreis.
Das gilt auch für die anderen
Currygerichte auf diesen
Seiten. Nicht traditionell, aber
ebenso gut schmecken Bei-
lagen wie Couscous, Salzkartoffeln oder Fladenbrot.

FISCHCURRY
mit Aubergine und Gurke

Zutaten für 4 Portionen

1 Aubergine

1 Salatgurke

400 g Fischfilet (z. B. Lachs,
Seeteufel oder Zander)

100 g Thai-Schalotten

6 EL Öl

2–3 EL Grüne Currypaste
(siehe Seite 115 oder aus dem
Asialaden)

500 ml Gemüse- oder
Hühnerbrühe

2 EL Fischsauce

2 EL Limettensaft

1 Bund Koriander

Zeitbedarf
- 20 Minuten +
  25 Minuten garen

So geht's

1. Die Enden der Aubergine
abschneiden. Aubergine in
1,5 cm große Würfel schneiden und in einer beschichteten Pfanne ohne Fett 5 Minuten von allen Seiten braten,
dabei öfter umrühren. Gurke
waschen, längs vierteln und
mit einem Messer die Kerne
herausschneiden. Die Gurken-
streifen quer in 1 cm dicke
Stücke schneiden. Fischfilet in
2 cm große Stücke schneiden.
Schalotten schälen und in
dünne Scheiben schneiden.

2. Öl in einem Wok oder einer
beschichteten Pfanne erhitzen. Die Schalotten bei großer
Hitze 2–3 Minuten knusprig
braun frittieren, mit einem
Sieblöffel aus dem Öl nehmen
und auf Küchenpapier abtropfen lassen. Currypaste mit
dem Öl verrühren und 2 Minuten braten, dabei ständig rühren. Mit Brühe aufgießen und
bei mittlerer Hitze etwa auf
die Hälfte einkochen lassen.

3. Auberginen, Gurken und Fisch
mit dem Curry verrühren und
bei geringer Hitze 5 Minuten
gar ziehen lassen. Mit Fischsauce und Limettensaft abschmecken. Koriander grob
hacken. Das Fischcurry in tiefe Teller verteilen und mit den
Schalotten und mit abgezupf-
ten und gehackten Korianderblättchen bestreut servieren.

SO SCHMECKT'S AUCH Falls die Wurzeln am Koriander noch dran sind, diese
gründlich waschen, hacken und im Mörser quetschen. Dann zusammen mit
der Currypaste anbraten.

HÄHNCHENCURRY
mit Joghurt

KARTOFFELCURRY
mit Kichererbsen

Zutaten für 4 Portionen

3 Tomaten

2 Zwiebeln

2 Knoblauchzehen

4 cm Ingwerwurzel

Hähnchenbrustfilets

3 EL Öl

1–2 EL Basic Currypulver (siehe Seite 115) oder mildes Currypulver

200 g griechischer Joghurt (10 %)

200 ml Brühe

½ Bund Koriander

½ Bund Petersilie

Salz

Zeitbedarf
- 15 Minuten + 20 Minuten garen

So geht's

1. Die Stielansätze von den Tomaten entfernen und die Haut kreuzförmig einritzen. Tomaten mit kochendem Wasser überbrühen, abschrecken und die Haut abziehen. Fruchtfleisch klein würfeln. Zwiebeln, Knoblauch und Ingwer schälen und fein würfeln oder hacken. Hähnchenfleisch in 2 cm große Würfel schneiden.

2. Die Hähnchenwürfel mit 2 EL Öl in einer großen Pfanne bei großer Hitze von allen Seiten 4 Minuten anbraten. Die hellbraunen Hähnchenstücke wieder aus der Pfanne nehmen. Auf mittlere Hitze reduzieren, Zwiebeln, Knoblauch und Ingwer im restlichen Öl 2 Minuten anbraten. Mit Currypulver bestäuben und mit dem Joghurt verrühren. Tomaten und Brühe zugeben, aufkochen lassen. Joghurt ist nicht hitzebeständig, beim Kochen trennen sich wässrige und feste Bestandteile – das sieht ungewohnt aus, schmeckt aber lecker.

3. Hähnchenwürfel mit der Mischung verrühren, halb zugedeckt bei schwacher Hitze 15 Minuten garen. Die Kräuterblättchen abzupfen, hacken und am Ende der Garzeit mit dem Curry mischen. Hähnchencurry mit Salz und Currypulver abschmecken und in Schalen oder tiefen Tellern anrichten

Zutaten für 4 Portionen

400 g festkochende Kartoffeln

400 g Blumenkohl

1 Dose Kichererbsen (Abtropfgewicht ca. 440 g)

Salz

1 Zwiebel

2 Knoblauchzehen

ca. 4 cm Ingwerwurzel

2 Fleischtomaten

4 EL Öl

1–2 EL Ayurveda-Curry (siehe Seite 115)

1 milde Peperoni

Zeitbedarf
- 20 Minuten + 20 Minuten garen

So geht's

1. Kartoffeln schälen und 2 cm groß würfeln. Den Blumenkohl entstrunken und in kleine Röschen teilen. Kichererbsen auf ein Sieb gießen, kalt abspülen und abtropfen lassen. Einen Topf mit Wasser aufkochen, salzen und die Kartoffelwürfel 10 Minuten kochen. Nach 5 Minuten Blumenkohlröschen zugeben. Beides auf ein Sieb abgießen und abschrecken. Dabei 250 ml Kochwasser auffangen.

2. Zwiebel, Knoblauch und Ingwer schälen und fein würfeln. Mit 4 EL Wasser in einem Blitzhacker zu einer Paste pürieren. Tomaten auf einer Kastenreibe grob raspeln, sodass am Ende der Stielansatz und der größte Teil der Haut übrig bleiben. Öl in einer Pfanne erhitzen, Kartoffeln und Blumenkohl bei großer Hitze 3 Minuten braten. Die Zwiebelpaste und Currypulver zugeben, alles zusammen 2 Minuten dünsten. Dabei ab und zu rühren. Tomaten und Kichererbsen zugeben, mit dem Kochwasser aufgießen und zum Kochen bringen.

3. Das Curry 5 Minuten bei mittlerer Hitze kochen lassen, mit Salz und Currypulver abschmecken. Peperoni in dünne Ringe schneiden, dabei den Stielansatz entfernen. Curry in tiefe Teller verteilen und mit Peperoniringen garnieren.

ÄTHERISCH

& duftend

BLÜTEN- UND ZITRUSDÜFTE GEBEN LEICHTIGKEIT,
WIRKEN GLEICHZEITIG ENTSPANNEND UND BELEBEND.
ZITRUSDÜFTE FINDEN SICH AUCH IN KRÄUTERN WIE
MELISSE, VERBENE ODER IN ZITRONENGRAS.

Getrocknete Blüten

Ob Rosen-, Lavendel-, Veilchen-, Hibiskus-, Orangen- oder Holunderblüten: Sie alle sind essbar. Aber nicht nur das, diese besonderen Blüten duften so stark, dass sie sich gut trocknen lassen. Für fertige Desserts eignen sich getrocknete Blüten und Blütenzucker (siehe Seite 149) als dekorativ-duftiges Streugewürz, in Konfitüren können Sie die zerbröselten Blütenblätter mitkochen. Brühen Sie getrocknete Blüten auch einmal mit wenig Wasser wie Tee auf. Zum Beispiel für Ihr eigenes Rosen- oder Orangenblütenwasser. Diese beiden bekanntesten Blütenwässer sind besonders geeignet, um orientalisch inspirierte Desserts und Gebäck zu aromatisieren. Sie entstehen normalerweise als Nebenprodukt bei der Destillation von Duftöl. Viele Fruchtsaucen, Eismassen oder Sirups gewinnen durch ein paar Löffel Blütenwasser.

Kaffir-Limetten

Auf die Blätter kommt es an. Intensiv duftende Kaffir-Limettenblätter sind ein bestimmendes Gewürz für viele Thaicurrys. Die Blätter werden im Ganzen ins Curry gegeben, später aber nicht gegessen. Für Salate die ledrigen Blätter in hauchfeine Streifen schneiden, damit sie ihr Aroma schnell in die kalte Marinade abgeben und zwischen den anderen Zutaten nicht als zäh auffallen. Auch die Schale von Kaffir-Limetten können Sie verwenden, ihr Fruchtfleisch ist dagegen eher strohig, liefert nur wenig Saft und viele Kerne. Kaffir-Limettenblätter werden in viel größeren Mengen verkauft, als Sie für gewöhnlich auf einmal benötigen – das macht in diesem Fall aber nichts, denn die Blätter halten sich sehr gut im Tiefkühlfach.

Pampelmuse

Sie hat nicht nur den schönsten Namen, sondern ist auch Ahnherrin wichtiger Zitrusfrüchte: Pampelmuse und Mandarine sind die Eltern der Orange, die wiederum, rückgekreuzt mit der Pampelmuse, führte zur Grapefruit. Und aus Grapefruit und Pampelmuse züchteten israelische Obstbauern eine Pomelo. Weil das englische Wort für Pampelmuse aber ebenfalls Pomelo lautet, werden heute auch viele südostasiatische Pampelmusen Pomelo genannt. Die Spalten der bis zu 6 kg schweren Pomelos lassen sich leicht schälen, sodass mit den weißen Trennhäuten auch fast alle Bitterstoffe entfernt werden. Die Schalen von Bio-Früchten können Sie wie alle anderen Zitrusschalen sparsam als Gewürz verwenden. Das Fruchtfleisch ist milder als das ihrer Verwandten. Es gibt Salaten eine feinherbe Säure und schmeckt mit einer Prise Salz und Chili oder mit Kardamom als Dessert.

Safran

Für eine Gesamtmenge von wenigen Gramm Safran werden stundenlang Safranblüten gepflückt und anschließend noch einmal genauso lange jeweils drei Staubfäden aus jeder Blüte gezupft. Kein Wunder, dass das teuerste aller Gewürze oft gefälscht wird. Kaufen Sie deshalb nie Safranpulver! Und schwitzen Sie Ihre wertvollen Safranfäden nicht an, ihr Aroma ist nicht fettlöslich. Um möglichst viel Geschmack aus möglichst wenig Safran herauszukitzeln, die Fäden auf der Heizung erwärmen, in einem kleinen Mörser pulverisieren und in lauwarmer Milch, Weißwein oder Wasser einweichen, anschließend mit der Flüssigkeit in das Gericht geben.

Tamarinde

Der ursprünglich ostafrikanische Baum gedeiht am besten in halbtrockenen indischen Tropengebieten, sein Name, „Tamr hindi", ist der arabische Ausdruck für „indische Dattel". Geerntet werden die glatten braunen Schoten, sie umhüllen fruchtig-saures Mark, Fasern und Samen. Alles zusammen kommt in kleinen Blöcken in den Handel. Die müssen Sie für die Küche auflösen und passieren – oder einfach im Glas, als Tamarindenpaste, fertig kaufen. Tamarindengeschmack prägt so unterschiedliche Gerichte wie die vietnamesische sauerscharfe Fischsuppe Canh chua ca, viele thailändische Currys und Relishes oder Vindaloo, ein Schweine-Ragout aus dem indischen Goa.

Zitrone, Limette, Orange

Sie schmecken fruchtig, sauer, blumig – und ein wenig bitter. Immer wenn Sie mit Zitrusfruchtschalen oder Zitrussaft aromatisieren, kommt es darauf an, mit den Fruchtaromen nur wenige Bitterstoffe ins Essen zu bringen. Die meisten davon sitzen in der weißen schwammigen Schicht zwischen Fruchtfleisch und bunter Außenschale. Deshalb die Schale nur ganz dünn abschälen oder reiben und alle weißen Schalenteile entfernen. Oder die gesamte Frucht mehrere Stunden lang bei schwacher Hitze in reichlich Wasser weich kochen. Dabei zerfällt ein Teil der Bitterstoffe, ein Teil löst sich im Kochwasser und ein kleiner Rest schmeckt meist ganz gut. Ganz wichtig, wenn Sie Zitrusschalen verwenden: „Unbehandelte" Früchte sind konventionell angebaut, nur wird die Schale für den Verkauf nicht zusätzlich mit Orthophenylphenol behandelt. Nur Bio-Früchte sind unbedenklich.

Zitronen-Kräuter

Zitronenverbene ist in Frankreich besonders als Teekraut beliebt. Dieser „Thé à la verveine" schmeckt sowohl aus frischen als auch aus getrockneten Blättern, deren wunderbarer Duft nur leider nach wenigen Monaten verfliegt. Auch für Saucen, Grilldips und Marinaden verwendet man das Kraut gerne. Neben den auf dieser Seite genannten gibt es noch einige andere Kräuter mit starkem Zitronenaroma und zusätzlichen eigenen Duftkomponenten, z. B. Zitronenthymian, Zitronenmelisse oder die australische Zitronenmyrte. Alle Zitronen-Kräuter können Sie gut untereinander austauschen und für eigene Experimente mit Würzpasten und Würzkombinationen verwenden

Zitronengras

Die Mischung der ätherischen Öle im Zitronengras ähnelt der in den Öldrüsen der Zitronenschale. Hauptbestandteile sind Geranial und Neral, zwei eng verwandte Duftmoleküle, die einzeln an Geranien und Rosen erinnern, kombiniert den Zitronenduft bestimmen. Für die asiatische Küche hat Zitronengras zwei Vorteile gegenüber Zitronen: Erstens ist nichts bitter, zweitens wächst Zitronengras in tropischen Gegenden, die für Zitronen zu feucht und heiß sind. Für die Küche das Zitronengras sehr fein schneiden, damit die zähen Fasern im fertigen Essen nicht stören. Dafür die äußeren, trockenen Blätter um den Zitronengrasstängel entfernen, die Stängel längs vierteln, quer in hauchdünne Streifen schneiden. Oder im Ganzen mitkochen und am Ende der Garzeit dann wieder herausfischen.

DAS IST
wirklich
WICHTIG

[a] WEISSE ZITRONENHAUT, die bitter schmeckt, mit einem scharfen Messer vollständig entfernen. Wen eine leicht bittere Note stört, der kann auch die Zitronenfilets zwischen den Trennhäuten herausschneiden. Da Säure den Garvorgang von Gemüse behindert, die Zitronenscheiben erst zu den Zwiebeln geben, wenn diese schon weich sind.

[b] ZUCCHINI der Länge nach in 1 cm dicke Scheiben schneiden, davon dünne Bänder abschälen. Falls die Zucchinikerne schon zu groß sind, um die Mitte der Zucchini in Bänder zu schneiden, diese Stücke einfach mit einem Messer in dünne Scheiben schneiden.

Mit etwas Zitronenschale lässt sich, von Kuchen bis Schmorbraten, fast alles aromatisieren. Fruchtige Frische bringt auch Zitronensaft, seine Säure beeinflusst aber nicht nur den Geschmack, sondern auch den Garvorgang: Gemüse gart langsamer, Fisch schneller. Reis und Nudeln bekommen eine raue Oberfläche – Zitronensaft deshalb nur in Ausnahmefällen lange einwirken lassen.

ZUCCHINI-NUDELN
mit Zitronensauce

Zutaten für 4 Portionen

1 Bio-Zitrone

4 Zwiebeln

4 EL Olivenöl

Salz, Pfeffer

½ Bund Petersilie

400 g kleinere Zucchini

3 EL Walnüsse

400 g Bandnudeln

Zeitbedarf

- 20 Minuten +
  80 Minuten garen

So geht's

1. Zitrone waschen, abtrocknen und die Schale fein abreiben. Die weiße Haut mit einem Messer entfernen [→a]. Zitronenfruchtfleisch in dünne Scheiben schneiden und beiseitestellen.

2. Zwiebeln schälen und grob würfeln. Zwiebeln in einem kleinen Topf mit 200 ml Wasser und 2 EL Olivenöl aufkochen. Mit Salz und Pfeffer würzen und zugedeckt bei kleinster Hitze 1 Stunde kochen. Am Ende der Garzeit Zitronenschale und -scheiben in den Topf geben und weitere 10 Minuten garen. Petersilienblätter zupfen und mit der Zitronen-Zwiebel-Masse fein pürieren.

3. In der Zwischenzeit die Zucchinienden abschneiden. Mit einem Sparschäler möglichst lange „Bandnudeln" von den Zucchini abschälen [→b]. Walnüsse grob hacken.

4. Bandnudeln nach Packungsangabe bissfest kochen. Zucchinistreifen mit Olivenöl in einer Pfanne 1 Minute dünsten. Mit Zitronenpaste mischen und mit Salz und Pfeffer abschmecken. Bandnudeln auf ein Sieb abgießen. Tropfnass mit der Zitronensauce mischen, kurz durchkochen lassen. Mit Walnüssen bestreuen und servieren.

Die Varianten

Sardinen mit Zitronenpaste
Für eine kleine, feine Vorspeise 200 g Sardinenfilets, 2 EL Olivenöl, 1 gequetschte Knoblauchzehe und 2 EL Kapern in einer Schüssel mischen und Zimmertemperatur annehmen lassen. In einer beschichteten Pfanne mit der Hautseite nach unten 1 Minute braten, wenden und nach 30 Sekunden auf eine Platte gleiten lassen. Mit heißer oder kalter Zitronenpaste servieren.

Zitronenrisotto
300 g Risottoreis mit 1 EL Butter unter Rühren 2–3 Minuten rösten. Mit 4 EL Weißwein ablöschen, vollständig einkochen. 1 l Brühe aufkochen, warm halten, nach und nach zum Risotto geben, dabei immer wieder sanft umrühren. Nach 18–20 Minuten Risotto vom Herd nehmen, je 2 EL kalte Butterstückchen, Parmesan und Zitronenpaste unterrühren, abschmecken.

SO SCHMECKT'S AUCH Sehr lecker schmecken die Zucchininudeln auch, wenn man vor dem Servieren mit der Zitronenpaste zusätzlich noch 200 g Ziegenfrischkäse untermischt.

CEVICHE
mit Guacamole

Zutaten für 4 Portionen

2 reife Avocados

2 Bio-Limetten

250 g Zanderfilet ohne Haut und Gräten

2 Fleischtomaten

1–2 Chilis

2 Schalotten

1 Knoblauchzehe

3 EL Rapsöl

Salz, Pfeffer

1 Bund Koriander

evtl. 8 Weizentortillas

Zeitbedarf
▪ 25 Minuten

So geht's

1. Avocados halbieren und den Stein entfernen. Das Fruchtfleisch aus der Schale löffeln. Große Stücke grob hacken. Die Limetten heiß waschen und abtrocknen, 1 TL Limettenschale fein abreiben, den Saft auspressen. Beides mit dem Avocadofruchtfleisch mischen.

2. Fischfilet in knapp 1 cm große Würfel schneiden und mit der Avocado locker mischen. Zugedeckt kalt stellen. Nicht länger als 20–30 Minuten marinieren. Wenn man die Ceviche vorbereiten will, die Fischwürfel erst kurz vor dem Servieren unter den Avocadosalat mischen.

3. Tomate waschen und klein würfeln, dabei den Stielansatz entfernen. Chilis längs halbieren, Kerne und Stiel entfernen, die Hälften klein hacken. Schalotten und Knoblauch schälen, fein würfeln und mit Chili in Öl 2 Minuten bei mittlerer Hitze dünsten. Tomatenwürfel und Chili-Schalotten mit der Avocado vermischen. Mit Salz und Pfeffer abschmecken. (Mit einer Gabel zerdrückt wird aus dem Avocadosalat der Dip „Guacamole".)

4. Koriander grob hacken. Ceviche in 4 Gläser verteilen, mit reichlich Koriander bestreuen und als Vorspeise servieren. Oder mittig auf Weizentortillas (vorher leicht erwärmen, damit sie sich besser rollen lassen) verteilen, mit Koriander bestreuen, den unteren Teigrand 2–3 cm zur Mitte hin einschlagen, von einer Seite her eng zusammenrollen, damit man sie als Wraps gut in die Hand nehmen kann.

FÜR WEIZENTORTILLAS 200 g Mehl, ½ TL Salz, 1TL gemahlenen Koriander, 1 EL Butter- oder Schweineschmalz oder Öl und 100 ml lauwarmes Wasser so lange zu einem glatten Teig verkneten, bis er nicht mehr klebt. Mit Folie zugedeckt mindestens 1 Stunde ruhen lassen. Teig in 8 gleich große Stücke teilen und zu runden Bällchen formen. Auf einem mit Mehl bestäubten Backbrett sehr dünne, runde Fladen (ca. 22 cm Ø) ausrollen. In einer schweren Pfanne ohne Fett bei großer Hitze insgesamt 2 Minuten backen. Fertige Tortillas sofort füllen oder in ein Küchentuch schlagen, bis alle gebacken sind.

CHINAKOHLSALAT
mit Speck

Zutaten für 4 Portionen

- 1 kleiner Kopf Chinakohl (800 g)
- 2 rosa Grapefruits
- 1 EL brauner Zucker
- Salz, Pfeffer
- ½ Bund Melisse
- 4 EL Sauerrahm
- 1 TL gemahlener Kreuzkümmel
- 12–16 dünne Scheiben Räucherspeck (Bacon oder Frühstücksspeck)
- 2 EL Öl
- evtl. 8 Weizentortillas

Zeitbedarf

- 20 Minuten +
  30 Minuten ruhen

So geht's

1. Chinakohl vierteln, den Strunk entfernen. Die Stücke quer in dünne Streifen schneiden. Grapefruits mit einem scharfen Messer so schälen, dass die weiße Haut gleich mit entfernt wird. Mit jeweils 2 Schnitten entlang der Trennhäute die Grapefruitfilets herauslösen. Die Filets in 2 cm große Stücke schneiden, den austretenden Saft auffangen.

2. Kohlstreifen mit Grapefruitsaft, -filets und Zucker mischen. Mit Salz und Pfeffer abschmecken. Zugedeckt 30 Minuten ziehen lassen. Melisseblättchen grob zupfen und mit dem Chinakohlsalat mischen.

3. Sauerrahm mit Kreuzkümmel verrühren und mit Salz abschmecken. Bacon mit Öl in einer Pfanne von beiden Seiten 2 Minuten knusprig braten. Auf Küchenpapier abtropfen lassen.

4. Chinakohlsalat mit Speckstreifen servieren. Oder auf 8 Weizentortillas verteilen. Jeweils 1–2 Speckstreifen grob zerbröseln, auf den Chinakohl legen und einrollen. Mit einem Klecks Sauerrahm garnieren.

ENTENSALAT
thailändisch

Zutaten für 4 Portionen

- 2 Entenbrustfilets (jeweils ca. 200 g)
- Salz, Pfeffer
- 2 EL Öl
- 200 g Thai-Schalotten (oder kleine Schalotten)
- 1 Bund Lauchzwiebeln
- 1 Pomelo
- 1 TL Chiliflocken
- 1 Bund Thai-Basilikum
- evtl. 8 Weizentortillas

Zeitbedarf

- 35 Minuten +
  25 Minuten garen

So geht's

1. Die Haut der Entenbrustfilets mit einem scharfen Messer rautenförmig einschneiden. Entenbrust mit Salz und Pfeffer würzen und mit Öl in einer Pfanne bei mittlerer Hitze 10 Minuten auf der Hautseite braten. Wenden und 2 Minuten fertig garen. Aus der Pfanne nehmen und ruhen lassen.

2. Die Schalotten schälen und in dünne Scheiben schneiden. In der Pfanne mit dem heißen Entenfett 5 Minuten goldbraun braten. Schalotten aus der Pfanne nehmen und auf Küchenpapier abtropfen lassen – die Pfanne noch nicht waschen. Lauchzwiebeln putzen, dabei Wurzeln und welke Blätter entfernen. Die Zwiebeln in feine Ringe schneiden.

3. Pomelo schälen, dabei auch die weiße Haut abziehen. Filets voneinander lösen, die Trennhäute abziehen und die Filets in Stücke zupfen.

4. Entenbrustfilets klein würfeln und in der Pfanne mit dem Entenfett bei größter Hitze 2 Minuten braten. Mit Lauchzwiebeln, Pomelo und Schalotten mischen. Mit Salz, Pfeffer und Chiliflocken würzen. Thai-Basilikum grob hacken. Mit dem Entensalat mischen. Als Vorspeise anrichten oder in Weizentortillas füllen.

SO SCHMECKT'S AUCH Zum Abschmecken und Garnieren passt auch gut Chilipulver, Döner Spezial (Seite 13) oder Shishimi Togarashi (Seite 15).

Zitronengras & Kaffir-Limettenblatt

Im Gegensatz zu Kaffir-Limettenblättern lassen sich Zitronengrasstängel nicht gut trocknen. Dafür halten sie einige Wochen im Kühlschrank. In der Zeit verlieren die äußeren Blätter ihre zartgrüne Farbe. Frische Kaffir-Limettenblätter können Sie fein schneiden und sogar in asiatische Salate mischen. Getrocknete Blätter wie Lorbeerblätter verwenden.

TOM YAM GUNG
thailändische Suppe

Die Variante

Zitronengras-Limetten-Dip
Ideal für Grill-Spieße, für Glücksrollen, Bo La Lot (siehe Seite 110) und alles, was sich dippen lässt: 3 Stängel Zitronengras längs viertln und sehr fein schneiden. 4 Kaffir-Limettenblätter der Länge nach halbieren, dabei die Mittelrippe entfernen. Die Hälften erst längs in möglichst feine Streifen und dann quer in möglichst kleine Vierecke schneiden. 2 Lauchzwiebeln putzen und in feine Ringe schneiden. 1–2 Chilischoten fein schneiden. Jeweils 2 EL Sojasauce in 4 kleine Schälchen gießen. Die vorbereiteten Zutaten mit 3 EL Öl 2 Minuten braten, dabei ständig rühren. Die heiße Mischung in die Schälchen verteilen und servieren.

Zutaten für 4 Portionen

600 g ganze, rohe Riesengarnelen

4 Schalotten

4 Knoblauchzehen

Salz

2 EL Fischsauce

4 Kaffir-Limettenblätter

200 g Pilze, z. B. Pfifferlinge

2–3 Chilischoten

2 Stängel Zitronengras

1 Limette

1 Bund Koriander

Zeitbedarf
- 35 Minuten +
  30 Minuten garen

So geht's

1. Von den Garnelen die Köpfe abdrehen und die Schwänze schälen. Garnelenschwänze an der Rückenseite mit einem Messer einritzen, dunkle Därme entfernen. Schalotten und Knoblauch abziehen und in Scheiben schneiden.

2. Garnelenschalen und -köpfe, Knoblauch und Schalotten mit 1,2 l Wasser aufkochen. Dabei den aufsteigenden Schaum mit einem Sieblöffel abschöpfen. Salzen und 20 Minuten bei geringer Hitze kochen lassen. Mit Fischsauce würzen, durch ein Sieb in einen Topf gießen und mit den Limettenblättern erneut aufkochen.

3. Pilze putzen, große Pilze halbieren. Chili in dünne Ringe schneiden. Zitronengras längs viertln und fein schneiden [→a]. Beides in einem Mörser zerreiben. Limette auspressen. Koriander grob hacken. Garnelen und Pilze in die Suppe geben, Hitze reduzieren, 5 Minuten gar ziehen lassen. Jeweils etwas Chili, Zitronengras, Limettensaft und Koriander in tiefe Teller oder Suppenschüsseln verteilen [→b]. Garnelen und Pilze mit einem Sieblöffel aus der Suppe nehmen und ebenfalls in die Teller verteilen. Mit der heißen Suppe aufgießen und servieren.

[a]

[b]

DAS IST *wirklich* WICHTIG

[a] ZITRONENGRAS zuerst fein schneiden, dann mörsern – nur so werden die zähen Fasern wirklich gut zerkleinert.

[b] WÜRZEN Wenn die Suppe erst in der Suppenschale fertig gewürzt wird, bleiben die Aromen von Limette, Koriander, Zitronengras und Chili besonders frisch. Das macht die Tom Yam zu einem besonderen Genuss!

127

Zitronenthymian

Das Kraut vereint den Duft frischer Zitronen mit den herben Aromen von gewöhnlichem Gartenthymian. Das macht es besonders interessant für leichte Sommerküche mit viel Fisch und Gemüse. Probieren Sie auch einmal eine Salatsauce mit gehacktem Zitronenthymian. Und mit den aromatischen Gartensorten Orangenthymian, Kümmelthymian oder sogar Rosenduftthymian.

GEBRATENER ZANDER
mit Balsamessigbutter

Die Variante

Pasta mit Thymianbröseln
Und mit einer sehr einfachen Tomatensauce: 1 Zwiebel und 3–4 Knoblauchzehen schälen, klein würfeln und mit 2 EL Olivenöl dünsten. Währenddessen 400 g Tomaten waschen und grob würfeln, zu den Zwiebeln geben, zudecken und 20 Minuten bei schwacher Hitze dünsten. In der Zwischenzeit die Blättchen von 6–8 Zitronenthymianzweigen abstreifen und hacken. 2 Scheiben trockenes Weißbrot im Blitzhacker zerbröseln, mit 2 EL Olivenöl unter ständigem Rühren goldbraun rösten. Den Thymian unter die fertigen Brösel rühren, vom Herd nehmen. Spaghetti nach Packungsanweisung bissfest kochen, abgießen und mit der Tomatensauce mischen. Noch einmal aufkochen lassen, anrichten und mit Zitronenthymianbröseln bestreuen.

Zutaten für 4 Portionen

300 g Linsen

3 Knoblauchzehen

1 Zwiebel

200 g Möhren

200 g Petersilienwurzel

½ Lauchstange

7 EL kalte Butter

200 ml passierte Tomaten

Salz, Pfeffer

600 g Zanderfilet

2 EL Mehl

1 Bund Zitronenthymian

100 ml Balsamessig

100 ml Geflügelbrühe

Zeitbedarf
- 20 Minuten +
  40 Minuten garen +
  4 Stunden ruhen

So geht's

1. Linsen mit reichlich Wasser bedecken und mindestens 4 Stunden, am besten über Nacht, quellen lassen. Wasser abgießen. Die Linsen mit 800 ml frischem Wasser (ohne Salz!) bedecken und zugedeckt bei mittlerer Hitze ca. 20 Minuten kochen, bis die Garflüssigkeit fast verkocht ist.

2. In der Zwischenzeit 1 Knoblauchzehe und die Zwiebel schälen, fein würfeln. Möhren und Petersilienwurzel schälen, längs vierteln und in dünne Stückchen schneiden. Lauch putzen und in dünne Scheiben schneiden. Gemüse mit 1 EL Butter in einem Topf 6 Minuten bei mittlerer Hitze dünsten. Mit Tomaten ablöschen, kurz einkochen lassen, mit Linsen mischen und mit Salz und Pfeffer abschmecken.

3. Zanderfilet in 8 Stücke teilen, mit Salz und Pfeffer würzen und in Mehl wenden. 3 EL Butter in einer schweren beschichteten Pfanne aufschäumen lassen. Restlichen Knoblauch leicht quetschen. Die Blättchen von 4 Zweigen Zitronenthymian abzupfen und fein hacken. Zanderfilets, Knoblauch und restlichen Zitronenthymian in die Pfanne geben. Fischfilets bei mittlerer Hitze 5 Minuten von beiden Seiten braten.

4. Zanderfilets mit Balsamessig ablöschen. Fisch aus der Pfanne nehmen, den Essig um zwei Drittel einkochen. Mit Brühe aufgießen, aufkochen, die Pfanne vom Herd nehmen. Restliche Butter würfeln und mit einem Schneebesen in die Sauce rühren. Mit Salz und Pfeffer abschmecken. Sauce durch ein Sieb gießen. Fisch mit Linsen und Balsamessigbutter anrichten und mit Zitronenthymian bestreuen.

Kaffir-Limettenblatt

Wer mit dem Gedanken spielt, eine Zitruspflanze in der Wohnung oder im Wintergarten zu kultivieren, sollte erwägen, eine Kaffir-Limette (auch thailändisches Zitronenblatt) anzuschaffen. Denn ob eine Zitruspflanze im Haus gute Früchte trägt, ist fraglich, doch von einem Kaffir-Limettenbäumchen können Sie zumindest immer die frischesten Duftblätter pflücken.

GEDÄMPFTE WAN TANS
mit Schweinefleisch

Zutaten für 4 Portionen

350 g Lauch

Salz

3 cm Ingwerwurzel

2 Knoblauchzehen

50 g kandierte Ananas
(oder Rosinen)

20 Kaffir-Limettenblätter

½ Bund chinesischer Schnittlauch

400 g Schweinehackfleisch

Chilipulver

24 Wan-Tan-Teigblätter
(TK-Ware aus Asialaden)

2 EL Öl

2 Chilischoten

125 ml Sojasauce

Zeitbedarf
- 25 Minuten +
  15 Minuten garen

besonderes Werkzeug
- Asiatischer Dämpfkorb oder
  ein Topf mit Dämpfeinsatz

So geht's

1. Lauch putzen, dabei Wurzeln und welke Blätter entfernen. Lauch längs vierteln, waschen und trocken schütteln, quer in dünne Streifen schneiden. Mit einer Prise Salz und 6 EL Wasser zugedeckt 5 Minuten dünsten. Den Deckel entfernen und die Flüssigkeit fast vollständig einkochen lassen. Lauch in eine flache Form umfüllen und abkühlen lassen. Ingwer und Knoblauch schälen und fein hacken. Kandierte Ananas klein würfeln. 4 Limettenblätter längs halbieren und die Mittelrippe entfernen. Die Blatthälften fein hacken. Schnittlauch fein schneiden.

2. Lauch und Ingwer, Knoblauch, Ananas, Schnittlauch und gehackte Limettenblätter mit dem Hackfleisch verkneten, mit Salz und Chilipulver kräftig würzen. Aus der Masse 24 Bällchen formen. Teigblätter mit Wasser einstreichen und die Fleischbällchen daraufsetzen. Wan-Tan-Blätter um die Fleischbällchen herum andrücken, dabei darf oben eine kleine Öffnung bleiben.

3. Den Dämpfkorb mit den restlichen Limettenblättern auslegen, die Blätter mit Öl bepinseln und die Teigtaschen auf die Blätter setzen. Auf einen Wok oder einen passenden Topf mit kochendem Wasser legen. Den Dämpfeinsatz zugedeckt 10 Minuten dämpfen. Chilis in Ringe schneiden, mit Sojasauce mischen und in 4 kleine Schälchen verteilen. Die gedämpften Teigtaschen anrichten und mit dem Dip servieren.

Die Variante

Wan-Tan-Dip süß-sauer
3 EL Zucker mit 3 EL Wasser aufkochen und hellbraun karamellisieren – nicht umrühren! Mit 2 EL Limettensaft, 3 EL Sojasauce und 5 EL Brühe oder Wasser ablöschen. Bei schwacher Hitze kochen, bis sich der Zucker vollständig gelöst hat. 1 Knoblauchzehe schälen. 2 Chilischoten halbieren und entkernen, dabei die Stielansätze entfernen. Knoblauch und Chilistücke mit den Blättchen von ½ Bund Koriander hacken. Mit dem kochenden Dip mischen. Vom Herd nehmen und lauwarm oder kalt servieren.

SO SCHMECKT'S AUCH Die Mengen sind für eine Vorspeise gedacht, für einen Hauptgang um die Hälfte erhöhen und die Wan Tans mit Sojasprossen und Zuckerschoten dämpfen.

[b] BEIM GLASIEREN ständig rühren oder die Pfanne schwenken, damit die Garnelen gleichmäßig von der Sauce eingehüllt werden.

DAS IST *wirklich* WICHTIG

[a] GARNELEN entdarmen und anschließend schälen: Dabei die Schalen vom Bauch der Garnelen her aufbrechen. Die Garnelenbrühe wird besonders aromatisch, wenn Sie Garnelen mit Kopf und Schale verwenden. Dann 750 g Garnelen kaufen, zuerst die Köpfe abdrehen, dann die Schwänze schälen.

[a]

Tamarinde

Das Mark aus frischen Tamarindenschoten oder ein Stück aus einem Tamarindenblock können Sie leicht selber für die Küche vorbereiten: Tamarindenmark mit etwas mehr als der doppelten Menge heißen Wassers übergießen. Die Paste mit einem Kochlöffel zerdrücken und einige Zeit stehen lassen, bis sich das Mark gelöst hat. Anschließend durch ein grobes Sieb streichen.

GLASIERTE GARNELEN
mit Lauchzwiebeln

Zutaten für 4 Portionen

500 g rohe Riesengarnelenschwänze mit Schale

1 Zwiebel

4 Knoblauchzehen

6 EL Öl

Salz, Pfeffer

2 Bund Lauchzwiebeln

1 Romanasalat

1 Chilischote

3 TL brauner Zucker

3 EL Tamarindenpüree (Glas)

1 Bund Koriander

Zeitbedarf
- 20 Minuten +
  30 Minuten garen

So geht's

1. Garnelen schälen und die dunklen Därme entfernen [→a]. Zwiebel schälen und grob würfeln, 2 Knoblauchzehen leicht quetschen, die anderen beiden schälen und hacken. Garnelenschalen, gequetschten Knoblauch und Zwiebel mit 2 EL Öl in einem Topf 3 Minuten braten. Dabei ständig rühren, damit nichts verbrennt. Mit 250 ml Wasser aufgießen, 15 Minuten köcheln lassen. Mit Salz und Pfeffer abschmecken und durch ein Sieb in eine Schüssel gießen.

2. Lauchzwiebeln putzen, Wurzeln und welke Blätter entfernen. Die Zwiebeln in 3 cm lange Stücke schneiden. Salat quer in ebenso breite Streifen schneiden, waschen und trocken schleudern. Chili fein hacken.

3. 2 EL Öl in einem Wok oder einer beschichteten Pfanne erhitzen. Salatstreifen 2 Minuten bei großer Hitze braten, aus dem Wok nehmen und beiseitestellen. Garnelen und Lauchzwiebeln und gehackten Knoblauch im Wok mit 2 EL Öl 2 Minuten braten, mit Zucker und Chili bestreuen, kurz karamellisieren lassen. Tamarindenpüree zugeben, 2 Minuten unter Rühren glasieren [→b].

4. Salat wieder mit in den Wok geben, mit einem kleinen Schöpfer Garnelenbrühe ablöschen (restliche Brühe einfrieren). Durchschwenken und abschmecken. Korianderblättchen grob hacken. Garnelen und Schmorsalat anrichten. Mit Koriander bestreuen und servieren.

Die Varianten

Tamarindenlimonade
2 Bio-Limetten waschen, achteln und mit 6 EL braunem Zucker und 3 EL Tamarindenpüree in einer Glaskaraffe mit einem Holz-Stößel zerdrücken. Mit gestoßenem Eis auffüllen, mit Mineralwasser aufgießen, umrühren und servieren. Nach Belieben mit gehackten, gesalzenen Erdnüssen bestreuen.

Currys mit Tamarinde
Viele asiatische Currys verdanken einen Teil ihres charakteristischen Aromas frisch-säuerlichem Tamarindenpüree. Schmecken Sie ein Curry für 4 Personen einfach mit 2–3 EL Tamarindenpüree ab.

Orange

Die besten sind sizilianische Blutorangen im Januar und Februar. Intensive Farbe und Geschmack verdanken sie den Genen lokaler Sorten wie Moro, Sanguinello oder Tarocco. Starke Unterschiede zwischen Tages- und Nacht-temperaturen in Anbaugebieten um den Ätna tragen zur blutroten Färbung bei. In den gleichbleibend heißen Tropen bleiben sogar reife Orangen grün.

HÄHNCHENFLÜGEL
aus dem Ofen

Die Variante

Yakitori

Hähnchenbrust, Spanferkel-medaillons oder Streifen von festem Fischfilet (z. B. Zander) mit der lauwarmen Orangenmarinade einlegen, aufspießen und bei schwa-cher Hitze grillen. Die ferti-gen Spießchen mit Gomasio oder Shichimi Togarashi be-streuen (siehe Seite 15) und mit einem japanischen Ret-tichsalat servieren. Für den Salat 250 g Rettich raspeln oder in möglichst dünne Streifen schneiden. 1 Orange mit einem scharfen Messer so schälen, dass dabei auch die weiße Haut entfernt wird. Orange in Scheiben schnei-den. 2 Frühlingszwiebeln in Ringe schneiden. Alles mit je 1 EL frisch geriebenem Ing-wer, Zitronensaft, geröste-tem Sesam und Fischsauce (im Original: Soja) mischen, mit Salz und Pfeffer ab-schmecken.

Zutaten für 4 Portionen

2 Bio-Orangen

2 EL brauner Zucker

3 EL Sojasauce

2 TL Wacholderbeeren

3 Knoblauchzehen

20 Hähnchenflügel

2 EL Öl

Salz, Pfeffer

Für die Pommes frites

1,2 kg mehligkochende Kartoffeln

ca. 2 l Frittierfett

evtl. etwas Zitronenthymian

Zeitbedarf

- 20 Minuten +
  40 Minuten garen +
  1 Stunde rühren

So geht's

1. Für die Pommes frites die Kartoffeln schälen und der Länge nach in 1,5 cm breite Streifen schneiden. In einer großen Schüssel mit kaltem Wasser 1 Stunde ruhen lassen.

2. Die Orangen heiß waschen und abtrocknen. Die Schale fein ab-reiben [→a], den Saft auspressen. Orangensaft und -schale mit Zucker, Sojasauce, gequetschtem Wacholder und Knoblauch mischen und in einem kleinen Topf auf die Hälfte einkochen. Die Marinade durch ein Sieb in eine kleine Schüssel gießen.

3. Den Backofen mit einem tiefen Blech (unterste Schiene) auf 200 °C (Umluft 180 °C) vorheizen. Hähnchenflügel mit Öl mischen und mit Salz und Pfeffer würzen. Flügel mit der Oberseite nach unten auf das Blech legen und 20 Minuten braten. Wenden und weitere 5 Minuten braten. Hähnchenflügel mit der Marinade be-gießen und 5 Minuten fertig braten [→b]. Aus dem Ofen nehmen; kurz abkühlen lassen und servieren.

4. Während die Hähnchenflügel im Ofen sind, die Kartoffelstreifen aus dem Wasser nehmen, gründlich abtrocknen. Frittierfett in der Fritteuse oder einem Topf auf 140 °C erhitzen. Kartoffeln in 2–3 Portionen jeweils 10 Minuten frittieren und abtropfen lassen. Die Temperatur auf 180 °C erhöhen und die Kartoffeln darin je-weils 3–4 Minuten knusprig braun frittieren. Auf Küchenpapier abtropfen lassen, salzen, evtl. mit gehacktem Zitronenthymian oder mit Bratkartoffelgewürz (siehe Seite 15) bestreuen und so-fort servieren.

DAS IST
wirklich
WICHTIG

[a] ORANGENSCHALE immer nur ganz dünn abreiben, denn die darunterliegende weiße Haut schmeckt bitter.

[b] HÄHNCHENFLÜGEL zuerst knusprig braten und dann mit der Marinade glasieren – so schmilzt zuerst das Fett aus der Haut heraus, die dann die Marinade gut aufnehmen kann.

NUR DIE GELBE ORANGENSCHALE DÜNN ABREIBEN.

[a]

[a]

[b]

DAS IST
wirklich
WICHTIG

[a] **KARTOFFELKNÖDEL** mit Kartoffeln aus dem Ofen gelingen immer, denn beim Garen wird den Kartoffeln Wasser entzogen und nicht hinzugefügt. So lassen sich die fertig gegarten Kartoffeln ganz leicht auslöffeln.

[b] **SAFRANAROMEN** sind nicht fettlöslich, darum das Gewürz nie anschwitzen, sondern in Weißwein, Milch oder Wasser aufkochen und dann ziehen lassen, damit sich das Aroma voll entwickeln kann.

Safran

Winzige Mengen genügen, um ein Gericht mit Safran zu aromatisieren, zu viel davon wirkt bitter, große Mengen sind sogar giftig. Aber keine Sorge, das gilt bekanntlich auch für viele andere Gewürze. Safran passt gut zu Kardamom, Chili oder Zimt. Die Verbindung mit manchen Säuren kann seine Farbentfaltung behindern, das Gewürz verträgt sich jedoch bestens mit Weißwein.

QUARKKNÖDEL
mit Safran-Brühe

Zutaten für 4 Portionen

Für die Knödel

350 g mehlige Kartoffeln

250 g Quark (20 %)

½ Bund Estragon

40 g Mehl

40 g Wiener Griessler (doppelgriffiges Mehl)

Salz

Für die Suppe

0,2 g Safranfäden

4 EL Weißwein

250 g Möhren

250 g Weißkraut

500 ml Brühe

Salz, Pfeffer

Zeitbedarf

- 25 Minuten +
  120 Minuten garen und ruhen

So geht's

1. Den Backofen auf 190 °C (Umluft 170 °C) vorheizen. Kartoffeln waschen und auf der mittleren Schiene eine Stunde garen. Kartoffeln aus dem Ofen nehmen, kurz abkühlen lassen, halbieren und auslöffeln [→a]. 250 g Kartoffelmasse abwiegen und durch eine Kartoffelpresse passieren. Quark in einem Küchentuch auspressen. Estragonblättchen abzupfen und fein hacken. Die beiden Mehlsorten, Kartoffeln, Quark, Estragon und 1 TL Salz zu einem glatten Teig kneten und zugedeckt 30 Minuten kalt stellen.

2. Safran mit Weißwein aufkochen, vom Herd nehmen und ziehen lassen [→b]. Knödelteig mit bemehlten Händen zu kleinen Knödeln formen. Möhren schälen und in dünne Scheiben schneiden. Weißkraut halbieren, den Strunk entfernen. Krautblätter in fingerbreite Streifen schneiden. Brühe aufkochen.

3. Zur gleichen Zeit einen Topf mit Wasser aufkochen und salzen. Die Knödel in das Wasser geben, die Hitze reduzieren. Sobald die Knödel an die Oberfläche steigen, noch 10 Minuten gar ziehen lassen.

4. Das Gemüse in die Brühe geben und bei mittlerer Hitze 5 Minuten garen. Safran-Wein zugeben, noch einmal 5 Minuten kochen, mit Salz und Pfeffer abschmecken. Suppe und Knödel anrichten.

Die Variante

Süße Knödel mit Safran-Aprikosen

Viele Knödelteige schmecken neutral, ob daraus eine pikante Beilage oder ein feines Dessert wird, hängt von der Begleitung ab. Für süße Quarkknödel den Estragon weglassen, nur eine ganz kleine Prise Salz in den Teig geben und auch das Kochwasser nur ganz schwach salzen. Dafür eine kräftige Prise Zucker mit hineingeben. Dazu passen Aprikosen in Safrankaramell: Safran in Weißwein einweichen. 250 g Aprikosen waschen, trocknen, halbieren und mit 2 EL Butter und 2 EL braunem Zucker in einer beschichteten Pfanne bei großer Hitze 2–3 Minuten schmoren. Mit dem Safranwein ablöschen, kurz einkochen und zu den Knödeln servieren.

FEINE SIRUPS
aus Kräutern und Früchten

WENN ES UM „HOMEMADE CONVENIENCE" GEHT, DANN LIEGEN DIESE SIRUPS GANZ VORNE: EIN PAAR ERDBEEREN GESCHNIPPELT, EIN PAAR TROPFEN RO-SENBLÜTENSIRUP DAZU, EIN LÖFFEL RAHMJOGHURT – FERTIG IST EIN FEINES DESSERT. VARIIEREN SIE FRÜCHTE UND SIRUPS, TRÄNKEN SIE DIE BÖDEN FÜR KUCHEN UND TORTEN MIT SIRUP ODER GEBEN SIE EINEM EINFACHEN SEKT EINE BESONDERE NOTE. DAS KLAPPT IMMER UND BRINGT SONNE INS ESSEN.

ORANGENSIRUP MIT LAVENDEL

Von 1,5 kg Bio-Orangen 3 Stück heiß waschen, abtrocknen und die Schale mit einem Sparschäler dünn abschälen. Den Saft von allen Orangen auspressen, davon 600 ml abmessen. Den Saft von 3 Zitronen auspressen, 100 ml abmessen. Zitrussäfte und -schalen mit 600 g Zucker und 1 TL Lavendelblüten in einem Topf mischen und 5 Minuten bei mittlerer Hitze kochen. 100 ml Orangenlikör zugeben (für Kinder weglassen), noch einmal aufkochen, durch ein Sieb gießen und sofort in sterilisierte oder zumindest heiß ausgespülte Schraubdeckelflaschen abfüllen.

Für einen Erdbeerdrink von 6 kleinen Erdbeeren den Stielansatz entfernen. Erdbeeren halbieren, jeweils eine Hälfte in ein Fach eines Eiswürfelbehälters legen. Mit Wasser auffüllen und gefrieren lassen. 200 g Erdbeeren waschen, die Stielansätze entfernen. Erdbeeren pürieren, durch ein Sieb streichen und mit 2 EL Zitronensaft verrühren. Erdbeerpüree in 4 Gläser verteilen, jeweils 4 cl Orangensirup dazugießen, die Erdbeer-Eiswürfel zugeben und mit kaltem Mineralwasser aufgießen. Mit Strohhalm servieren.

ROSENBLÜTENSIRUP

3 Bio-Zitronen heiß waschen, abtrocknen und in dünne Scheiben schneiden. 600 ml Weißwein mit den Zitronenscheiben und 3 EL getrockneten Rosenblüten in eine Schüssel geben. Dabei die Zitronenscheiben leicht drücken, damit ein Teil des Saftes und der ätherischen Öle in den Schalen austritt. Zudecken und 2 Tage im Kühlschrank ziehen lassen. Einmal am Tag umrühren. Die Mischung durch ein Sieb in einen Topf gießen, mit 600 g Zucker mischen und aufkochen. Den Sirup sofort in sterilisierte oder mindestens in heiß ausgespülte Schraubdeckelflaschen füllen.

Wer Duftrosen (Damaszenerrosen) im Garten hat, die nicht chemisch behandelt sind, kann auch die Blätter von 12 frischen Rosenblüten verwenden. Für einen Holundersirup die Rosenblüten durch 12 Holunderblütendolden ersetzen.

Für einen erfrischenden „Rosenblüten-Sprizz" 2 cl Aperol mit 1 cl Rosenblütensirup in einem Glas mischen und mit Prosecco aufgießen.

MELISSESIRUP

1 kg rosa Grapefruits halbieren, den Saft auspressen, 500 ml Saft abmessen. Den Saft von 500 g Zitronen auspressen, 150 ml Saft abmessen. Die Fruchtsäfte mit 1 Zimtstange und 500 g Zucker aufkochen. 1 Bund Zitronenmelisse zugeben und 10 Minuten ziehen lassen. Den Sirup durch ein Sieb gießen. Noch einmal aufkochen lassen und dann sofort in sterilisierte oder mindestens in heiß ausgespülte Schraubdeckelflaschen füllen.

Für eine Melissebowle 1 Bio-Zitrone heiß waschen und in Scheiben schneiden. 250 ml Melissesirup mit 1 Flasche Riesling, 250 g Himbeeren und den Zitronenscheiben in einem Gefäß mischen und 1 Stunde ziehen lassen. Ca. 500 g Eiswürfel dazugeben und mit 1 Flasche Riesling-Sekt auffüllen. Mit frischen Melisseblättchen garnieren.

ZITRONENSIRUP

Für den Sirup 2 Teile Zucker mit 1 Teil Zitronensaft und der dünn abgeschälten Schale einer Zitrone aufkochen, abkühlen, dieselbe Menge frischen Zitronensaft unterrühren und in Flaschen füllen. Ungeöffnet in einem kühlen Keller einige Monate haltbar. Nach dem Öffnen im Kühlschrank lagern.

Für einen erfrischenden Longdrink 8 Minzeblätter mit 4 cl Sirup in einem Glas zerdrücken, Eiswürfel und 4 cl Rum zugeben und mit Mineralwasser auffüllen. Ohne Rum wird es eine feine Limonade.

EISTEE-SIRUP

4 Bio-Limetten und 100 g Ingwerwurzel heiß waschen und in dünne Scheiben schneiden. 500 g Limetten halbieren, den Saft auspressen und 100 ml Saft abmessen. 4 EL Earl-Grey-Tee in einen Papierteefilter oder in ein Teeei geben. Ingwer, Limettenscheiben und -saft mit 500 ml Wasser und 600 g Zucker aufkochen. Tee und 3 Bund Minze zugeben, 5 Minuten ziehen lassen. Durch ein Sieb gießen, noch einmal aufkochen und dann sofort in sterilisierte oder heiß ausgespülte Schraubdeckelflaschen füllen.

Für einen Eistee 3-4 Eiswürfel und 4 cl Eisteesirup in ein Glas geben und mit Wasser auffüllen. Für einen – sehr alkoholreichen – Long Island Iced Tea (der Originaldrink enthält keinen Tee, sondern wird durch Cola braun gefärbt) jeweils 2 cl Gin, braunen Rum, Tequila, Orangenlikör und Wodka mit 4 cl Eistee-Sirup in einem Cocktailshaker mit 4 Eiswürfeln schütteln und in ein großes Glas abseihen. Mit 100 ml Mineralwasser aufgießen und mit Crushed Ice auffüllen, mit Limetten- und Ingwerscheiben garnieren.

Lavendel

Vor allem der „echte Lavendel" wird als Gewürz verwendet. Seine Blüten schmecken getrocknet noch intensiver als frisch. Auch mit Lavendelblättern können Sie kochen, solange sie noch sehr jung sind. Gartencenter verkaufen häufig auch Schopf-Lavendel, eine Sorte mit besonders großen Blüten. Die duftet zwar sehr gut, schmeckt aber nicht.

MILCHREIS
mit Kirschen

Die Variante

Aprikosenkonfitüre mit Lavendel

1,2 kg Aprikosen waschen, schälen, halbieren und entsteinen. Die Schale von 2 Bio-Zitronen abreiben, den Saft auspressen. Früchte und Zitrone mit 800 g Zucker (kein Gelierzucker) und 1 TL Lavendelblüten mischen und mindestens 12 Stunden ziehen lassen. Alles zusammen einmal aufkochen, in eine kalte Schüssel umfüllen, noch einmal 12 Stunden ziehen lassen. Den Fruchtsirup durch ein Sieb in einen Topf gießen, 10 Minuten bei starker Hitze einkochen. Die Früchte zugeben und unter Rühren 5 Minuten kochen lassen. Den Kochlöffel abtropfen lassen, geliert der letzte Tropfen, ist die Konfitüre fertig. Anderenfalls die Kochzeit um einige Minuten verlängern. In saubere Gläser füllen und verschließen.

Zutaten für 4 Portionen

200 g Milchreis oder Risottoreis

Salz

500 ml Milch

100 g Zucker

2 TL getrocknete Lavendelblüten

200 ml Sahne

Für den Kirschröster

500 g Kirschen

1 Bio-Orange

5 EL Rotwein

120 g brauner Zucker

2 Zimtstangen

5 Kardamomkapseln

Zeitbedarf
- 30 Minuten +
  2 Stunden garen und ruhen

So geht's

1. Den Reis in leicht gesalzenem Wasser 10 Minuten kochen und abgießen. Den Reis mit Milch, 2 EL Zucker und 1 TL Lavendelblüten in einem Topf 15 Minuten bei geringer Hitze fertig garen, dabei ab und zu rühren [→a]. Danach in eine Schüssel umfüllen und abkühlen lassen. Sobald der Milchreis etwa Zimmertemperatur erreicht hat, die Sahne steif schlagen und unter den Reis heben. Zugedeckt mindestens 1 Stunde kalt stellen.

2. Die Kirschen waschen und entsteinen. Die Orange heiß waschen, abtrocknen und die Schale fein abreiben. Den Saft auspressen. Rotwein, Orangensaft und Zucker aufkochen. Orangenschale, Zimt, Kardamom [→b] und Kirschen in die Flüssigkeit geben und bei geringer Hitze 15 Minuten kochen. Etwa ⅓ der Kirschen aus dem Sirup nehmen, im Mixer oder mit dem Pürierstab zerkleinern und wieder mit den Kirschen mischen. Alles noch einmal aufkochen.

3. Die restlichen Lavendelblüten mit dem verbliebenen Zucker in einem Blitzhacker fein mahlen. Milchreis und Kirschröster anrichten und mit Lavendelzucker bestreuen.

[b]

DAS IST *wirklich* WICHTIG

[a] MILCHREIS Durch den zweistufigen Garprozess wird überschüssige Stärke vom Milchreis entfernt. Der fertige Reis wird so besonders schön körnig. Was im Supermarkt als Milchreis verkauft wird, ist oft mittlere Qualität mit vielen zerbrochenen Körnern. Der beste Milchreis ist darum immer ein Risottoreis.

[b] DIE GEWÜRZE in ein Stück Käseleinen oder in einen anderen grobmaschigen Stoff binden, dann lassen sie sich später leicht aus dem fertigen Röster entfernen.

[a]

SÜSS

& balsamisch

WENIGE GEWÜRZE SCHMECKEN WIRKLICH SÜSS, DOCH
EINIGE PASSEN BESONDERS GUT ZU VERFÜHRERISCHEN
DESSERTS – WIE Z. B. VANILLESCHOTEN ODER GRÜNER TEE.

Akaziensamen

Sie sind das erfolgreichste Produkt aus dem australischen Busch. Geröstet und gemahlen findet man Akaziensamen oder Wattleseed auch bei Online-Gewürzhändlern. Die gerösteten Samen duften nach Haselnuss, Kaffee und Schokolade. Ersetzen Sie 1–2 EL Mehl durch das fein gemahlene Pulver und geben Sie so Kuchen- oder Plätzchenteigen den besonderen Geschmack. Oder Sie kochen einen „Wattlepresso" aus dem Pulver und verwenden diese Essenz, um Saucen, Cremes oder Eis zu aromatisieren. Wer schon einmal mit der australischen Fluglinie unterwegs war, kennt das Aroma aus der Bordverpflegung: Hier gibt es Anzac-Biscuits, das sind die australischen Nationalkekse, mit Wattleseed gebacken.

Matcha

In erster Linie gehört der pulverisierte grüne Tee aus Japan zur traditionellen Teezeremonie. Edle Teesorten werden dafür nach der Ernte gedämpft, um die Teefermentation zu verhindern. Getrocknet und pulverisiert entsteht daraus ein leuchtend grünes Pulver mit süßlichgrasigem, leicht herbem Teegeschmack. Dieses Pulver können Sie als schaumigen grünen Tee aufschlagen und trinken oder wie ein Gewürz für Süßspeisen benutzen. Und zwar ohne vorher einen Tee aufzubrühen und ohne mit dem Teegeschmack auch Wasser in die Süßspeise zu bringen. Besonders gut verträgt sich Matcha mit Quark-, Sahne- oder Joghurtcremes. Das Pulver passt aber auch zu Orange, Schokolade oder in Puderzuckerglasuren für Plätzchen. Faszinierend gut schmeckt Matcha-Gewürzsalz, in dieser Kombination erinnert der Matchaduft an Meeresluft.

Kakaobohnen

Als adelige Damen begannen, ihren Kakao zu zuckern, machten sie damit das Getränk vor etwa 400 Jahren in Europa bekannt. Die Kombination von Kakao mit Zucker ist heute noch genial und so bäckt es sich wunderbar mit Schokolade und Kakaopulver. Schokoladenpralinen sind ein Traum, ohne Schokoladeneis wäre die Welt ärmer. Aztekische Kakaoliebhaber hatten ebenfalls Kakao getrunken, bitteren Kakao, gewürzt unter anderem mit Chili und Vanille. Würzen Sie also ruhig auch einmal pikante Gerichte mit geschroteten Kakaobohnen aus dem Mörser oder geben Sie einem Grillgewürz ein paar zerriebene Kakaobohnen bei. Mehrere Edel-Schokoladenhersteller verkaufen die gerösteten Bohnen ganz oder als grobes Granulat.

Anis

Was wäre mediterraner Müßiggang ohne Pastis, Ouzo oder Raki? Vermutlich weit weniger entspannend. Der Duft von Anis ist auch ganz typisch für Plätzchen wie die „Springerle", ein Biss auf eines der Anisfrüchtchen im eigentlich neutralen Teig ist wie eine kleine Aromaexplosion. Noch mehr Anisgeschmack als im Springerle sollte nicht sein, sonst wird das süßeste Gewürz aus der Fenchel-Kümmel-Dill-Familie schnell penetrant. Sparsam dosiert passt Anis auch in andere trockene Gebäcksorten, zum Beispiel für Cantucci. Außerdem zu Schweine- oder Kalbsbraten und auch zu Lachs oder Makrele.

Tonkabohne

Ähnlich wie der natürliche Süßstoff aus der Steviapflanze verdankt auch die Tonkabohne ihre Popularität zum Teil dem Ruch der Illegalität: Beide durften in Deutschland lange nur für „kosmetische Zwecke" verkauft werden, wegen der umstrittenen Giftigkeit ihrer Inhaltsstoffe. Tonkabohnen enthalten zwar Cumarin, es ist aber ungefährlich, damit zu würzen. Weil die Bohnen ohnehin sehr sparsam dosiert werden, so ähnlich wie die ebenfalls giftigen Muskatnüsse. Tonkabohnen passen immer da, wo auch Vanille gut passt. Beide Gewürze lassen sich gut kombinieren. Cumarin gibt übrigens auch heimischem Waldmeister sein typisches Aroma. Wer also keinen Waldmeister mag, sollte die Finger von Tonkabohnen lassen.

Zimt

Die Schösslinge regelmäßig beschnittener Zimtbäume werden von Kork- und Rindenschichten befreit. Nur die hauchdünne innerste Schicht trocknet man und steckt jeweils sechs bis zehn Stücke ineinander, so dass „Quills" entstehen: Zimtstangen, die im Querschnitt Zigarren ähneln. An dieser Struktur erkennen Sie den besonders feinen Ceylon-Zimt. Cassia vera, die Zimtsorte aus Indonesien, wird in etwas dickeren Schichten getrocknet, die Stangen bestehen jeweils nur aus einem Blatt. Sie schmecken nicht besser oder schlechter, aber etwas schärfer, herber und erdiger als Ceylon-Zimt. Zimtblüten sind getrocknete, unreife Früchte des Zimtbaumes – sie sehen fast aus wie Gewürznelken, schmecken sehr delikat und lassen sich im Mörser gut zerkleinern. Ideal also für frisch gemörserte indische oder orientalische Gewürzmischungen mit Zimt.

Vanille

Die wilde Orchidee stammt aus Mexiko und wurde lange nur dort angebaut, denn ohne die Bestäubung durch eine stachellose mexikanische Biene trägt die Blume keine Früchte. Erst um 1840 bestäubte ein Sklave auf der französischen Insel La Réunion als Erster die Blüten mit der Hand. Bis zur französischen Revolution hieß die Insel Île Bourbon, das Gewürz heißt heute noch Bourbonvanille, obwohl längst der größte Teil der Produktion aus Madagaskar stammt. Nach der künstlichen Befruchtung müssen die Schoten neun Monate reifen, dann werden sie einzeln gepflückt, gedämpft und anschließend wieder monatelang sorgfältig fermentiert und getrocknet. Erst dabei entsteht Vanillin, der wichtigste Aromastoff der Vanille. Die zweite wichtige Sorte, Tahitivanille, enthält weniger Vanillin. Dafür aber duften die dicken, saftigen Schoten zusätzlich nach Orchideen, Tabak und Trockenpflaumen. Viele Köche ziehen sie deshalb der Bourbonvanille vor.

[a]

[b]

DAS IST
wirklich
WICHTIG

....

[a] FÜLLUNG Die Apfelscheiben mit den übrigen Zutaten gut vermengen, um sie zu aromatisieren.

[b] LÖFFELBISKUITS lassen sich am besten zerkleinern, wenn man sie in eine Plastiktüte gibt und mit einem Fleischklopfer oder mit einem kleinen Stieltopf zerbröselt.

[c] STRUDELTEIG wird besonders knusprig und leicht blättrig, wenn Sie ihn mehrlagig verarbeiten. Sorgfältig mit Butter bestreichen, denn sie verhindert zwischen den Teigschichten, dass diese im Ofen zusammenbacken.

Zimt

Zimtstangen sind spröde und zäh zugleich. Das Gewürz lässt sich nur in einer elektrischen Kaffee- oder Gewürzmühle ordentlich pulverisieren. Deshalb entweder im Ganzen mitkochen und aus dem fertigen Gericht entfernen oder mit Zimtpulver würzen. Kochende Flüssigkeiten lösen jedoch Schleimstoffe aus dem Pulver, deshalb für Saucen oder Cremes lieber Stangen verwenden.

APFELSTRUDEL
mit Pistazien

Zutaten für ca. 8 Portionen

800 g Äpfel (z. B. Cox Orange)

4 getrocknete Aprikosen

1 Bio-Zitrone

50 g grüne Pistazienkerne
(Alternative: Mandelblättchen)

75 g Zucker

1 TL gemahlener Zimt

50 g Löffelbiskuits (6 Stück)

100 g Butter

12 Strudelteigblätter
(aus dem Kühlregal)

Puderzucker

Zeitbedarf
- 30 Minuten +
  15 Minuten backen

So geht's

1. Die Äpfel schälen, vierteln und das Kerngehäuse entfernen. Die Stücke in dünne Scheiben schneiden. Aprikosen klein würfeln oder im Blitzhacker kurz hacken. Zitrone heiß waschen, abtrocknen, die Schale fein abreiben und den Saft auspressen. Die Pistazien ganz oder gehackt in einer Pfanne ohne Fett rösten, bis sie duften. Die vorbereiteten Zutaten mit Zucker und gemahlenem Zimt mischen [→a].

2. Den Backofen auf 180 °C (Umluft 160 °C) vorheizen. Die Löffelbiskuits zerbröseln [→b]. Die Butter zerlassen. Für 4 kleine Strudel 4 Teigblätter (ca. 30 x 30 cm) nebeneinander auf eine Arbeitsfläche legen. Mit Butter bestreichen, jeweils ein zweites Teigblatt auflegen, wieder mit Butter einstreichen, ein drittes Teigblatt auflegen und noch einmal mit Butter bestreichen [→c]. Die Biskuitbrösel auf den Teigblättern verteilen.

3. Die Füllung entlang einer Seite auf einem Viertel des Teiges verteilen, dabei 3 cm an den Seiten frei lassen. Seitenränder einschlagen und die Strudel einrollen. Mit der Nahtstelle nach unten auf ein mit Backpapier ausgelegtes Backblech setzen und mit der restlichen Butter bestreichen. Die Strudel auf der mittleren Schiene ca. 15 Minuten goldbraun backen. Mit Puderzucker bestreuen und servieren.

Die Variante

Zimtsterne
3 Eiweiße steif schlagen. 450 g Puderzucker zugeben, noch einmal 2–3 Minuten schlagen. 2 TL Zitronensaft zugeben. 6 gehäufte EL für die Glasur beiseitestellen. Restliche Eiweißmasse mit 600 g gemahlenen Mandeln, 2 TL abgeriebener Zitronenschale und 2 EL Zimt zu einem glatten Teig verkneten. Sollte der Teig zu weich sein, noch gemahlene Mandeln zugeben. Den Teig mit Puderzucker bestäuben und 5 mm dick ausrollen. Die Glasur auf dem Teig verstreichen. Sterne ausstechen und auf ein mit Backpapier ausgelegtes Blech legen. Dabei die Ausstechform immer wieder in kaltes Wasser tauchen, auf einem Tuch trocken klopfen. Die Zimtsterne bei 180 °C (Umluft 160 °C) ca. 12 Minuten backen. Die Glasur soll weiß bleiben.

Bancha Matcha

Dieser pulverisierte Grüntee ist sehr aromatisch, weil das Teeblatt nicht nur ausgekocht, sondern vollständig verwendet wird. Gleichzeitig lässt sich Matcha als Gewürz äußerst einfach anwenden. So ist der zartbittere Tee zum Trendgewürz geworden. Starpatissiers füllen Matcha-Creme in Macarons und aromatisieren damit Pralinen, Kuchen oder Schokoglasuren.

GRÜNTEE-GRANITA
mit gratinierter Mango

Die Varianten

Bancha-Matcha-Gratin
Für ein Mangogratin ohne Granita 2 TL Grüntee-Pulver mit Stärke und Sake verrühren, die Gratinmasse, wie beschrieben, zubereiten. Die gleiche Gratinmasse schmeckt auch mit Pfirsich, Kirschen oder Erdbeeren.

Beeren-Joghurt
500 g Beeren (z. B. Brombeeren oder Heidelbeeren) verlesen, waschen und abtropfen lassen. 250 g Joghurt mit 2 EL Zucker, 1 EL Honig und 2 TL Bancha Matcha verrühren. Mit den Beeren mischen und in Schälchen servieren. Mit Minze oder mit Melisse garnieren.

Zutaten für 4 Portionen

7 Bio-Orangen (für 500 ml Saft)
300 g Zucker
2 EL Bancha Matcha (Grüntee-Pulver)
4 Eier
2 TL Speisestärke
50 ml Sake oder Rum (für Kinder Apfelsaft)
250 ml Sahne
1 Mango
4 Zweige Minze
Salz

Zeitbedarf
- 30 Minuten + 12 Stunden kühlen

So geht's

1. Eine Orange heiß waschen und abtrocknen, die Schale fein abreiben. Alle Orangen halbieren und den Saft auspressen. 500 ml Saft abmessen. 250 g Zucker mit etwa 100 ml Orangensaft aufkochen. Sirup mit dem restlichen Orangensaft und der Schale und Bancha Matcha verrühren und in eine flache Form gießen. Die Flüssigkeit abkühlen lassen und zugedeckt mindestens 10 Stunden im Tiefkühlfach gefrieren lassen.

2. Für die Gratinmasse die Eier trennen. Eigelbe mit restlichem Zucker in einer Metallschüssel 5 Minuten schaumig schlagen. Stärke mit Sake verrühren. Sahne aufkochen, aufgelöste Stärke unterrühren, noch einmal aufkochen lassen. Die Sahne unter Rühren zu den Eigelben gießen und über einem Wasserbad (passenden Topf mit kochendem Wasser) so lange rühren, bis die Masse dick-cremig wird. Die Creme mit Folie zudecken und abkühlen lassen.

3. Backofen auf Grillfunktion vorheizen. Mango schälen und das Fruchtfleisch vom Stein schneiden. Mangostücke in dünne Scheiben schneiden. Minzeblättchen abzupfen. Eiweiß mit einer kleinen Prise Salz steif schlagen und unter die Creme ziehen. Mangospalten in Gratinförmchen verteilen. Die Gratinmasse über den Mangospalten verteilen und 2–3 Minuten goldbraun gratinieren, dabei kontrollieren, damit die Masse nicht zu dunkel wird.

4. Granita aus dem Kühlfach nehmen und mit einem Löffel Flocken von dem Eisblock schaben. In Schälchen verteilen und mit Minze garnieren. Das Mangogratin mit Granita servieren.

Akaziensamen

Tausend verschiedene Akazienarten wachsen in Australien, viele produzieren essbare Samen, Wurzeln oder Harze. Doch obwohl australische Ureinwohner seit jeher Wattlebrot backen, fand das Gewürz erst Ende des 20. Jahrhunderts in die Küche weißer Australier. Vielleicht, weil die Samen recht hart sind. Deshalb Akazienpulver immer erst kochen und quellen lassen.

WATTLE-SHORTBREAD
australische Kekse

Zutaten für ca. 80 Kekse

30 g gemahlene Akaziensamen (Wattleseed)

1 TL Zitronensaft

250 g zimmerwarme Butter

150 g Zucker

250 g Mehl

100 g Speisestärke

Puderzucker

Zeitbedarf

- 15 Minuten +
  15 Minuten backen +
  60 Minuten ruhen

So geht's

1. Akaziensamen mit Zitronensaft und 3 EL Wasser aufkochen, 30 Minuten quellen lassen.

2. Butter und Zucker mit einem Rührgerät etwa 10 Minuten lang weiß und schaumig schlagen. Mehl, Stärke und Akaziensamen kurz unterkneten, den Teig im Kühlschrank 30 Minuten ruhen lassen.

3. Backofen auf 170 °C vorheizen (keine Umluft). Aus dem Teig mit einem Teelöffel kleine Portionen abstechen und zwischen mit Mehl bestäubten Händen haselnussgroße Kugeln formen. Auf ein mit Backpapier ausgelegtes Blech legen, leicht flach drücken und auf der mittleren Schiene im Ofen knapp 15 Minuten hellgolden backen.

4. Die Kekse aus dem Ofen nehmen, mit dem Backpapier vom Blech ziehen und abkühlen lassen. Mit wenig Puderzucker bestäuben. Am besten schmecken die Kekse am Tag, an dem sie gebacken werden. Wie andere Butterplätzchen halten sie sich aber auch einige Tage in einer dicht verschlossenen Keksdose.

Dazu passt ein Wattlecino, ein Wattlepresso mit geschäumter Milch. Dafür mit einer Portion Espressopulver ½ TL gemahlene Akaziensamen in die Espressomaschine geben.

Die Variante

Akazien-Pralinen
Für einfache Pralinen 2 TL Wattleseed mit 3 TL Wasser aufkochen. Abkühlen und 30 Minuten ziehen lassen, mit je 100 g Macadamianüssen und Puderzucker im Blitzhacker sehr fein zu Macadamia-Marzipan pürieren. Kugeln aus der Masse formen und auf einem Teller im Tiefkühlfach 30 Minuten anfrieren lassen. Die Kugeln mit einer Gabel oder noch besser einer Pralinentauchgabel in geschmolzene Zartbitter-Kuvertüre tauchen, auf einem Gitter abtropfen und erstarren lassen.

GEWÜRZZUCKER

süß & pikant gemischt

PERFEKTE GESCHENKE SIND MIT LIEBE GEMACHT, SEHEN HÜBSCH AUS, VERSCHÖNERN DEN ALLTAG – UND SIND IRGENDWANN AUCH WIEDER WEG. SO WIE UNSERE GEWÜRZZUCKER. BEREITEN SIE DIE DOPPELTE MENGE ZU – DANN KÖNNEN SIE NÄMLICH EINEN TEIL DAVON SELBER VERWENDEN, UM MIT EINEM CHAI IN GEDANKEN NACH INDIEN ZU REISEN ODER UM MIT EINEM BLÜTENZUCKER EINEN SIMPLEN JOGHURT IN EINE FEINE FRÜHLINGSSPEISE ZU VERWANDELN.

KAFFEE- UND TEEZUCKER

12 Kardamomkapseln öffnen und die Samen entnehmen. 1 Zimtstange grob zerbröseln. Beides mit 5 Nelken, 10 schwarzen Pfefferkörnern und 3 Stück Muskatblüte in einem Mörser oder in einer Gewürzmühle mahlen. Mit 100 g braunem Zucker mischen, in ein Schraubdeckelglas füllen und einige Tage durchziehen lassen.

Für 4 Tassen Gewürz-Kaffee 4 TL Zuckermischung mit 4 gehäuften TL Kaffepulver in einen Kaffeefilter geben und in einer Filterkaffeemaschine durchlaufen lassen oder in einer Presskanne zubereiten. Dabei den Kaffee einige Minuten ziehen lassen, bevor Sie den Kolben nach unten drücken. Für Espresso die Gewürze besonders fein mahlen, pro Tasse 1 TL Kaffeezucker in den Espressofilterhalter geben.

Für einen Chai, einen indisch gewürzten Tee, 2–3 EL Gewürz-Zucker mit ½ l Wasser aufkochen, 5 Minuten ziehen lassen, durch ein Sieb gießen, mit 250 ml Milch mischen und erneut aufkochen. 2 EL schwarzen Tee in einen Papierteefilter oder ein Tee-Ei füllen und in der Flüssigkeit 5 Minuten ziehen lassen. Nach Geschmack zusätzlich mit Zucker süßen.

PIKANTER ZITRONENZUCKER

2 Bio-Zitronen heiß waschen, abtrocknen und die Schale mit einem Sparschäler dünn abschälen. 2 Peperoni längs halbieren, Kerne und Stielansätze entfernen. Zitronenschalen und Peperonihälften im Ofen bei 80 °C (ohne Umluft) oder in einem Dörrgerät ca. 3 Stunden trocknen. Auf der Heizung geht es auch, dauert aber etwas länger. Die getrockneten Zutaten mit 1 TL Pfeffer, 2 EL Koriandersamen und ½ TL Salz in einer Gewürzmühle oder im Mörser fein mahlen, dann mit 3 EL Zucker mischen, in ein Schraubdeckelglas füllen und einige Tage durchziehen lassen.

Passt gut, um Braten- und Schmorsaucen oder Salatmarinaden zu verfeinern oder abzuschmecken. Für eine Grillmarinade 1 EL Zitronenzucker mit je 1 EL Sojasauce und Öl verrühren. Passt vor allem zu Grillspießchen mit kurzen Garzeiten oder auch zu Grillgerichten, die Sie sonst karibisch marinieren würden (siehe karibischer Schweinebraten Seite 85).

GEWÜRZ-KARAMELL

Backofen auf 160 °C (ohne Umluft) vorheizen. 1 TL schwarze Pfefferkörner, 4 Pimentkörner und 1 TL Koriandersamen in einem Mörser oder einer Gewürzmühle fein mahlen. Zwei Streifen Backpapier mit 50 cm Länge zurechtschneiden. 100 g Zucker und 4 EL Wasser in einem kleinen Topf mit schwerem Boden aufkochen und hellbraun karamellisieren lassen – nicht umrühren! Karamell auf ein Backpapier gießen, mit dem zweiten Backpapier abdecken und mit einem Nudelholz den Karamell dünn ausrollen. Das obere Papier abziehen und den Zucker vollständig abkühlen lassen. Die Karamellplatte in Stücke brechen und in einem Blitzhacker mit den Gewürzen fein mixen. Karamellpulver gleichmäßig auf ein mit Backpapier ausgelegtes Backblech streuen und im Ofen schmelzen lassen. Den weichen Karamell mit einer Prise Fleur de Sel oder Salzflocken bestreuen. Die Karamellplatte wieder vollständig abkühlen lassen und in Stücke brechen oder grob zerbröseln.

Als Garnitur für Desserts, Kuchen und Torten zu verwenden. Passt besonders gut zu Schokolade, zum Beispiel für Schokoglasuren. Einfach mit ein paar Krümeln Gewürzkaramell bestreuen, kurz bevor die Glasur beim Abkühlen erstarrt.

BLÜTENZUCKER

Viele essbare Blüten sind ideal für Zuckermischungen, wenn sie ohne chemische Spritzmittel angebaut werden, am besten vom Balkon oder aus dem eigenen Garten. Zarte Blütenblätter z. B. von Ringelblumen, Löwenzahn, Veilchen oder Kapuzinerkresse abzupfen, möglichst nicht waschen und abwiegen. Kleine Blüten wie Holunderblüten vorsichtig von den Stängeln streifen. Blütenblätter mit der gleichen Menge Zucker in ein verschließbares Gefäß einschichten und 2 Wochen ziehen lassen. Danach in einem Blitzhacker fein mahlen. Dickere, eher fleischige Blütenblätter, wie die Blätter von Rosenblüten, Sonnenblumenblüten, Dahlien oder Speise-Chrysanthemen, im Dörrgerät bei 50 °C (alternativ im Ofen) 3–4 Stunden trocknen, danach abwiegen, mit der gleichen Menge Zucker im Blitzhacker pürieren und in einer flachen Schüssel noch einmal ca. 1 Woche bei Zimmertemperatur trocknen lassen. Sehr aromatische Blütenzucker auch mit etwas mehr Zucker mischen. Dunkel und kühl in einem Schraubdeckelglas aufbewahren.

Blütenzucker eignen sich zum Verfeinern von Süßspeisen oder Obstsalat. Z. B. eine Mango schälen, vom Stein lösen und in Scheiben schneiden. Mit etwas Rum oder Orangenlikör beträufeln und mit Holunderblütenzucker oder Lavendelzucker bestreuen. Oder Kuchen oder Vanillekipferl mit Blütenzucker statt Puderzucker bestreuen.

Vanille

Das Aroma der Vanille wird bestimmt durch Vanillin, in hochwertigen Schoten sind manchmal sogar kleine nadelförmige Vanillinkristalle zu sehen. Dieser Stoff lässt sich leicht auf chemischem Wege herstellen. Doch neben diesem Hauptbestandteil enthält echte Vanille viele aromatische Verbindungen, die sie unverwechselbar machen – Vanillinzucker ist kein guter Ersatz.

APFEL-PFANNKUCHEN
mit Quark

Die Varianten

Vanillesauce

Eine Vanilleschote längs halbieren, das Mark herauskratzen, mit je 250 ml Milch und Sahne aufkochen. In einer Metallschüssel 5 Eigelbe mit 80 g Zucker verrühren. Die heiße Milch über einem kochenden Wasserbad unterrühren. Weiter rühren, bis die Sauce sichtbar cremig wird (wenn Sie über den Rührlöffelrücken pusten, bilden sich kleine Wellen). Sofort durch ein Sieb umschütten und abkühlen. Vanillesauce eignet sich auch zur Herstellung von Vanilleeis in einer Eismaschine.

Vanillezucker

Die ausgekratzten Vanilleschoten in ein Schraubdeckelglas mit Zucker stecken. Die Vanille aromatisiert den Zucker. So haben Sie immer einen Vorrat an „echtem" Vanillezucker.

Zutaten für 4 Portionen

2 Äpfel

1 Vanilleschote

2 Eier

2 EL Zucker

Salz

125 g Quark

125 g Mehl

100 ml Milch

100 ml Sprudelwasser

2 EL Butterschmalz

Puderzucker zum Bestäuben

Zeitbedarf
- 15 Minuten +
  15 Minuten garen

So geht's

1. Die Äpfel schälen, mit einem Apfelausstecher entkernen und in dünne Scheiben schneiden. Die Vanilleschote halbieren, das Vanillemark herauskratzen [→a].

2. Die Eier trennen. Eiweiß mit Zucker und einer Prise Salz steif schlagen. Die Eigelbe mit Vanillemark, Quark, Mehl, Milch und Wasser zu einem glatten Teig verrühren. Dann den Eischnee unterheben [→b].

3. Eine beschichtete Pfanne mit 1 EL Butterschmalz erhitzen (für besonders regelmäßige Pfannkuchen eine Liwanzenpfanne verwenden). Die Apfelringe 2–3 Minuten braten. Wenden und je 2 EL Teig auf jeden Apfelring geben [→c]. 2 Minuten backen, erneut wenden und ca. 2–3 Minuten fertig backen. Den Vorgang so lange wiederholen, bis Apfelringe und Teig verbraucht sind. Die Pfannkuchen sofort servieren oder im Ofen warm halten. Mit Puderzucker bestäuben und anrichten.

[a]

[b]

DAS IST *wirklich* WICHTIG

[a] VANILLEMARK Für den Teig wird nur das Mark gebraucht, das man mit einem Messerrücken aus der längs aufgeschlitzten Schote schabt.

[b] DEN EISCHNEE vorsichtig unterheben, sodass der Teig sämig, aber gleichzeitig locker wird.

[c] IN DIE MITTE jedes Apfelringes 2 EL Teig setzen, sodass der Teig gleichmäßig über den Rand der Apfelscheiben läuft und die fertigen Pfannkuchen etwas größer als die Apfelscheiben werden.

[c]

SCHOKOLADE
raffiniert gewürzt & kombiniert

UNTER DEN SCHLEMMEREIEN, DIE DAS LEBEN LEBENSWERT MACHEN, GEHÖRT
DER GENUSS VON SCHOKOLADE EIGENTLICH ZU DEN GESÜNDESTEN. GRUND GENUG,
UM AUCH IHRE TRAUMPARTNER KENNENZULERNEN: CHILI KOMBINIERTEN SCHON
DIE AZTEKEN MIT KAKAO. KARDAMOM, VANILLE UND KARAMELL VERSTÄRKEN DAS
AROMA JEDER SCHOKOLADE. ABER AUCH UNGEWÖHNLICHE VERBINDUNGEN MIT
PFEFFER ODER BALSAMESSIG BILDEN SEHR HARMONISCHE PAARE.

HALBFLÜSSIGE SCHOKOTÖRTCHEN

4 Eier und 150 g Zucker mit einem Rührgerät 10 Minuten schaumig schlagen. 150 g Zartbitterkuvertüre grob hacken und mit 1 TL gemahlenem Kardamom über einem Wasserbad schmelzen. 125 g Butter klein schneiden und in einer Schüssel über dem Wasserbad vorsichtig erwärmen, dabei mit einem Kochlöffel ständig rühren, bis sie zu schmelzen beginnt. Cremige Butter, flüssige Kuvertüre und 70 g Mehl nacheinander zügig mit der Eiermasse verrühren. Die Schokoladenmasse 3 Stunden kühlen.

Den Ofen auf 180 °C vorheizen (keine Umluft). 4 Souffléformen (8 cm Ø) mit Butter ausstreichen. Aus Backpapier 4 Streifen mit 6 cm Breite und 20 cm Länge schneiden. Die Papierstreifen zu Zylindern formen und in die Souffléformen stellen. Die Schokoladenmasse vorsichtig einfüllen, 20–25 Minuten im Ofen backen, bis sich kleine Risse an der Oberfläche bilden. Die Törtchen vorsichtig aus den Formen lösen, mit Puderzucker oder mit Kaffeezucker (siehe Seite 149) bestreuen und heiß servieren.

SCHOKO-TARTE MIT KROKANT

100 g Zucker mit 3 EL Wasser in einem kleinen Topf goldbraun karamellisieren lassen. Mit einem Holzlöffel 150 g ungeschälte Mandelkerne und 1 EL Butter unter den Karamell mischen. Unter ständigem Rühren 2 Minuten karamellisieren. Mandelkaramell auf einem Stück Backpapier verteilen und vollständig abkühlen lassen. Den Krokant grob hacken. Backofen auf 160 °C (keine Umluft) vorheizen. 1 Vanillestange längs halbieren und das Mark herauskratzen. 200 g Zartbitterkuvertüre hacken, mit 200 g Butter und Vanillemark in einer Schüssel über dem Wasserbad schmelzen. 50 g Zucker oder Vanillezucker (siehe Seite 150) und eine Prise Salz mit 4 Eiern schaumig schlagen. Die flüssige Schokoladenmasse mit den Eiern, 100 g gemahlenen Mandeln und 50 g Stärke mischen. Die Springform mit Backpapier auslegen und den Rand mit Butter fetten. Mandelkrokant mit der Kuchenmasse mischen, in die Springform füllen und auf der mittleren Schiene ca. 45 Minuten backen. Die Tarte aus dem Ofen nehmen und vollständig abkühlen lassen. Mit Gewürz- oder Puderzucker bestäuben und servieren.

SCHOKOLADENSAUCE MIT CHILI

100 g Zartbitterkuvertüre hacken und mit 50 g Butter und 100 g Sahne in einer Schüssel über einem Wasserbad schmelzen. Dabei ab und zu mit einem Holzlöffel umrühren. Mit einer Prise Chilipulver würzen. Kombinationen von Schokolade mit Chili sind einerseits gerade sehr modisch, wurden aber andererseits schon von den Azteken erfunden. Der Geschmack von Schoko-Chili-Kreationen steht und fällt mit der Qualität des Chilipulvers: Es soll aromatisch sein, fruchtig und nicht zu scharf. Das Pulver darf nicht zu fein gemahlen sein, aber auch nicht so grob wie Chiliflocken. Und es muss relativ frisch sein, nicht mehr als einige Monate alt – und dabei zählt auch die Zeit vor dem Kaufdatum. Fazit: Am allerbesten eignen sich selbst gemachte Chilipulver aus milderen Chilisorten wie Piment d'Espelette oder Criolla sella.

Schokoladensauce mit Chili passt zu marinierten Früchten mit Rum, zum Beispiel zu dunklen Beeren, Mandarinen- oder Blutorangenspalten. Für ein Schokoladenfondue können Sie die Mengen auch vervielfachen – 100 g Kuvertüre pro Person sind ein guter Richtwert.

GEWÜRZ-BROWNIES

Ofen auf 200 °C (Umluft 180 °C) vorheizen. 100 g Haselnüsse auf einem Blech im Ofen 10 Minuten rösten. Nüsse aus dem Ofen nehmen und mit einem Küchentuch die Häute abreiben. Ofentemperatur um 20 °C verringern. Haselnüsse und 125 g Kuvertüre grob hacken. 250 g weiche Butter mit 200 g Puderzucker, 1 TL Anissamen und 2 TL gemahlenem Pfeffer 5 Minuten schaumig schlagen. 1 Ei unterrühren, 2 EL Mehl zugeben, nacheinander 5 weitere Eier unterrühren. Gehackte Haselnüsse, Kuvertüre, 170 g Mehl, 100 g gemahlene Haselnüsse und 60 g Kakaopulver mit der Buttermasse mischen.

BALSAMESSIG-TRÜFFEL

250 g Zartbitterkuvertüre reiben oder fein hacken. 2 EL Butter in kleine Würfel schneiden und mit der Kuvertüre vermischen. 120 ml Sahne mit 50 g Zucker aufkochen und über die Kuvertüre-Butter-Mischung gießen. Die Zutaten mit 2 EL Balsamico-Essig mit einem Kochlöffel verrühren, bis sich alle Zutaten gut verbunden haben. Die Schüssel mit Frischhaltefolie zudecken und 30 Minuten in den Kühlschrank stellen. Einen Teelöffel kurz in heißes Wasser tauchen und ein Stück aus der Trüffelmasse abstechen. Auf einem Teller mit Kakaopulver oder mit Kaffee- und Teezucker (siehe Seite 149) wälzen und zügig zu einer Kugel formen. Wiederholen, bis die Pralinenmasse verbraucht ist. Die fertigen Trüffel für mindestens weitere 30 Minuten in den Kühlschrank stellen.

[a]

DAS IST
wirklich
WICHTIG

....

[a] SCHAUMIG SCHLAGEN Zucker und
Butter so lange schlagen, bis sie weiß-
schaumig sind – das dauert ca. 10 Minuten, die Butter wird dabei deutlich heller.

[b] DIE MEHLMISCHUNG wirklich nur ganz
kurz unterrühren, damit der Rührteig
schön zart und locker bleibt – lieber ein
kleines Mehlklümpchen im Teig als zu viel
gerührt.

[c] MARMORIERUNG Eine Gabel spiralförmig durch die helle und dunkle Teigschicht
ziehen, damit sie sich vermischen.

Kakao

Die Bohnen aus der leuchtend-orangen Kakaofrucht werden zuerst fermentiert und anschließend getrocknet, geschält und geröstet. Erst dabei entwickelt sich das volle Kakaoaroma, das wir in Kakao und Schokolade lieben. Die wichtigsten Sorten heißen Forastero, Trinitario, Nacional und Criollo. Davon werden die drei letzten zu Edelkakao verarbeitet.

MARMOR-GUGELHUPF
mit Mandeln

Zutaten für 1 Kuchen

250 g Butter und Butter
für die Form

250 g Zucker

Salz

5 Eier

3 cl Rum

125 g Mehl

75 g geriebene Mandeln und
Mandeln für die Backform

80 g Stärke

1 TL Backpulver

3 EL Kakaopulver

7 EL Milch

Zeitbedarf
- 20 Minuten +
  70 Minuten backen und ruhen

besonderes Werkzeug
- Gugelhupf-Form (20–22 cm Ø)

So geht's

1. Alle Zutaten sollen Zimmertemperatur haben, deshalb Butter und Eier einige Stunden vor dem Backbeginn aus dem Kühlschrank nehmen.

2. Den Backofen auf 180 °C (Umluft 160 °C) vorheizen. Butter, 200 g Zucker und eine Prise Salz mit einem Rührgerät auf höchster Stufe weiß-schaumig schlagen, bis sich der Zucker aufgelöst hat [→a]. Die Eier trennen, Eigelbe und Rum nacheinander unterrühren. Die Eiweiße mit dem restlichen Zucker steif schlagen.

3. Mehl, Mandeln, Stärke und Backpulver mischen und auf die Butter geben, kurz unterrühren [→b], den Eischnee behutsam unter den Teig ziehen.

4. Den Teig auf zwei Schüsseln verteilen. Kakaopulver mit Milch verrühren, mit einer Teighälfte mischen. Backform fetten und mit Mandeln ausstreuen. Die beiden Teige abwechselnd in die Form schichten und mit einer Gabel mischen [→c]. Auf der untersten Schiene ca. 60 Minuten backen. Den Kuchen aus dem Ofen nehmen, 10 Minuten abkühlen lassen und stürzen.

Die Varianten

Kakao-Gewürz
2 EL gemahlene Mandeln mit 1 TL Pimentkörnern, 6 Pfefferkörnern und 2 Nelken trocken rösten, bis die Mischung duftet. In einer Gewürzmühle fein mahlen, 1 TL Zimt zugeben. Kakaopulver nach Packungsanweisung kochen, mit Kakao-Gewürz abschmecken.

Trinkschokolade
Im 17. Jahrhundert war Trinkschokolade das Modegetränk an europäischen Fürstenhöfen – damals noch ohne Milch und Sahne: Für 1 Becher 2 EL geröstete und geschälte Kakaobohnen in einem Mörser fein zerreiben. 100 ml Wasser aufkochen, die Kakaopaste unterrühren und mit 2–3 EL Rohrzucker etwa 30 Sekunden schwach köcheln lassen, mit je einer Prise Zimt, Nelkenpulver und schwarzem Pfeffer abschmecken. Durch ein feines Sieb in einen Becher gießen.

REGISTER

GENUSS PUR

PETER AUER: Saucen
- 160 Seiten, 121 Abbildungen, €/D 19,95
- ISBN 978-3-440-12241-9

Abwechslungsreich: Ob herzhafte Schmorsauce, fruchtiger Tomatenschaum, cremige Curry-sauce, aromatische Trüffel-Vinaigrette, würziges Walnusspesto oder luftiges Sabayon – hier findet man für jedes Gericht die passende Sauce.
Kreativ: Wer weiß, worauf es bei der Zubereitung wirklich ankommt, hat auch Lust, die 180 Rezepte für Saucen, Pesto, Dips und Chutneys auszupro-bieren und selbst mit unterschiedlichen Zutaten zu experimentieren.

AKTEURE

Hans Gerlach konzipierte das Buch, entwickelte, schrieb und fotografierte die Rezepte. Er hat viele Jahre als Koch in europäischen Sternerestaurants gearbeitet, danach ein Architekturstudium absolviert und ist heute vor allem als Fotograf und Autor tätig. Bekannt wurde Hans Gerlach durch seine Kolumnen im Magazin der Süddeutschen Zeitung und im Gault Millau Magazin. Gewürze und Gewürzmischungen faszinieren ihn, seit er zum ersten Mal ein Currypulver selber mischen durfte. Das war bei Gualtiero Marchesi, im damals einzigen 3-Sterne-Restaurant Italiens. Viele eigene Gewürzmischungen, Marinaden und Pasten folgten. Heute arbeitet Gerlach auch regelmäßig als Dozent für kulinarische Produktentwicklung an der Dualen Hochschule Baden-Württemberg und für eine Gewürzmanufaktur.

food und text heißt das Büro von Hans Gerlach und Susanna Bingemer. Hier entstehen neue Produkte, Kochbücher, Rezepte und Texte rund um Essen, Garten, Wellness und Reisen. Gerlach betreut die kulinarische Abteilung. Susanna Bingemer schreibt die Reportagen und sorgt dafür, dass jeder Text das Büro erst druckfertig verlässt.

Anja Prestel hat bei der Fotoproduktion dieses Buches assistiert. Die Fotografin hat an der renommierten Fachakademie für Fotodesign in München studiert und sich gerade mit ihrem eigenen Projekt „flashdeflasch" als Spezialistin für Weinfotografie selbständig gemacht.

Barbara Dodt, gelernte Hotelfachfrau, arbeitet seit einigen Jahren sehr erfolgreich als Stylistin für Food- und Still-Life-Fotografen. Für Hans Gerlach hat sie schon mehrere große Fotoprojekte kompetent, liebevoll und viel Sinn für kreative Verwandlung des Alltags in Szene gesetzt.

Maja Müller-Holve und Alexander Kühn sind ausgebildete Köche und Foodstylisten im Team von food und text. Am Wochenende arbeiten sie in einem Münchner Edelrestaurant, während der Woche testen sie Gerlachs Rezepte und bereiten sie dann für die Fotoproduktionen zu. Maja Müllers Hände zeigen auf vielen Bildern genau die richtigen Handgriffe, Alexander Kühn hat einige eigene Rezepte zu diesem Buch beigesteuert.

Der Verlag dankt für die Unterstützung dieses Buchprojekts:

Barbara Butz-Glas
Bad Tölz, freischaffende Künstlerin Keramik und Malerei, die für die Fotoproduktion Geschirr zur Verfügung gestellt hat. (Zu beziehen über "Vier Werkstätten", München)

IMPRESSUM

Mit 184 Farbfotos von Hans Gerlach

Umschlaggestaltung von
Gramisci Editorialdesign, München
unter Verwendung eines Fotos von
Hans Gerlach

Rezepte, Geling-Tipps, Infos zum KOSMOS-Kochbuch-Programm und vieles mehr unter
www.kosmos.de/gut-gekocht

Unser gesamtes lieferbares Programm und viele weitere Informationen zu unseren Büchern, Spielen, Experimentierkästen, DVDs, Autoren und Aktivitäten finden Sie unter
www.kosmos.de

Gedruckt auf chlorfrei gebleichtem Papier

© 2011, Franckh-Kosmos Verlags-GmbH &
Co. KG, Stuttgart
Alle Rechte vorbehalten

ISBN 978-3-440-12589-2

Projektleitung und Lektorat: Dr. Eva Eckstein
Gestaltungskonzept und Layout:
Gramisci Editorialdesign, München
Satz: Cordula Schaaf, Grafik-Design, München
Produktion: Eva Schmidt

Printed in Germany / Imprimé en Allemagne

FSC
MIX
Papier aus verantwortungsvollen Quellen
FSC® C004592
www.fsc.org